50代になった娘が選ぶ母のお洋服

魔法のクローゼット

くぼしま りお

角川書店

はじめに

ある日、突然、母が言った。

「毎日のお洋服を考えるのが面倒になっちゃった」

『魔女の宅急便』作者である角《かど》野《の》栄《えい》子《こ》が、80歳を過ぎた頃のことである。

母はおしゃれを楽しむことが大好きだったし、若い頃からファッションに対して自分なりのこだわりをもっていた。そんな母がまさか、おしゃれをすることを「面倒」と思うだなんて。びっくり仰天！　いったいどうしちゃったの？　母が自分の好きなことに対して後ろ向きな発言をするなんてありえなーい！　けれど、年齢を考えれば分からなくもない気がした。もう80歳なのだから仕方がない。ちょっと、しんみりした。しかし、転んでもただでは起きないのが母である。

「それでね、これからはママが着るお洋服を、リオちゃんが、代わりに考えてくれないかしら？」しんみりしている私の横で、母がにっこり笑った。自分の好きなことは、絶対にあきらめない魔女の微笑みである。悔しいことに、この微笑みに私は勝てたためしがない。ぶーぶー文句を言っても無駄である。

かくして母に代わって、母の服を考える日々がスタートした。

母のスタイリングを始めて、すぐに気がついたことがある。

母は決して、おしゃれが面倒になったわけではなかった。ただ昔のように服を買うために街を歩き回ったり、何回も試着をする体力がなくなっていた。それから、もう一つ、母が欲しいと思う服が、まったくといっていいほど売っていなかった。

母が探していたのは、長袖《ながそで》のシンプルなワンピースだった。軽くてシワになりにくい生地、できたら明るい色であってほしい、というものだった。

ところが、これが見事に見つからない。街には服があふれているのに、若くて細身のお嬢さん用ばかり。これじゃあ、おしゃれが面倒になるわ、と思った。

最終的に私は、洋裁ができる友人に母のワンピースを作ってもらうことにする。市販品を探すのは諦《あきら》めた。

年とともに体型は変わる。体の動きも若い頃のままというわけにはいかない。締めつけのきつい服を着ればすぐ疲れるし、簡単に具合が悪くなる。足さばきが良くないスカートだと、もつれて転んでしまう危険性だってある。

軽くて、楽ちんであることが、母の世代にとっては何よりも重要なポイントだと思っている。なんせ一度転んでしまったら、それまで通りの生活ができなくなってしまうかもしれないのだから。

そのうえで、私が重視しているのが色使いだ。

母のファッションを見ていただければ分かるように、ピンク

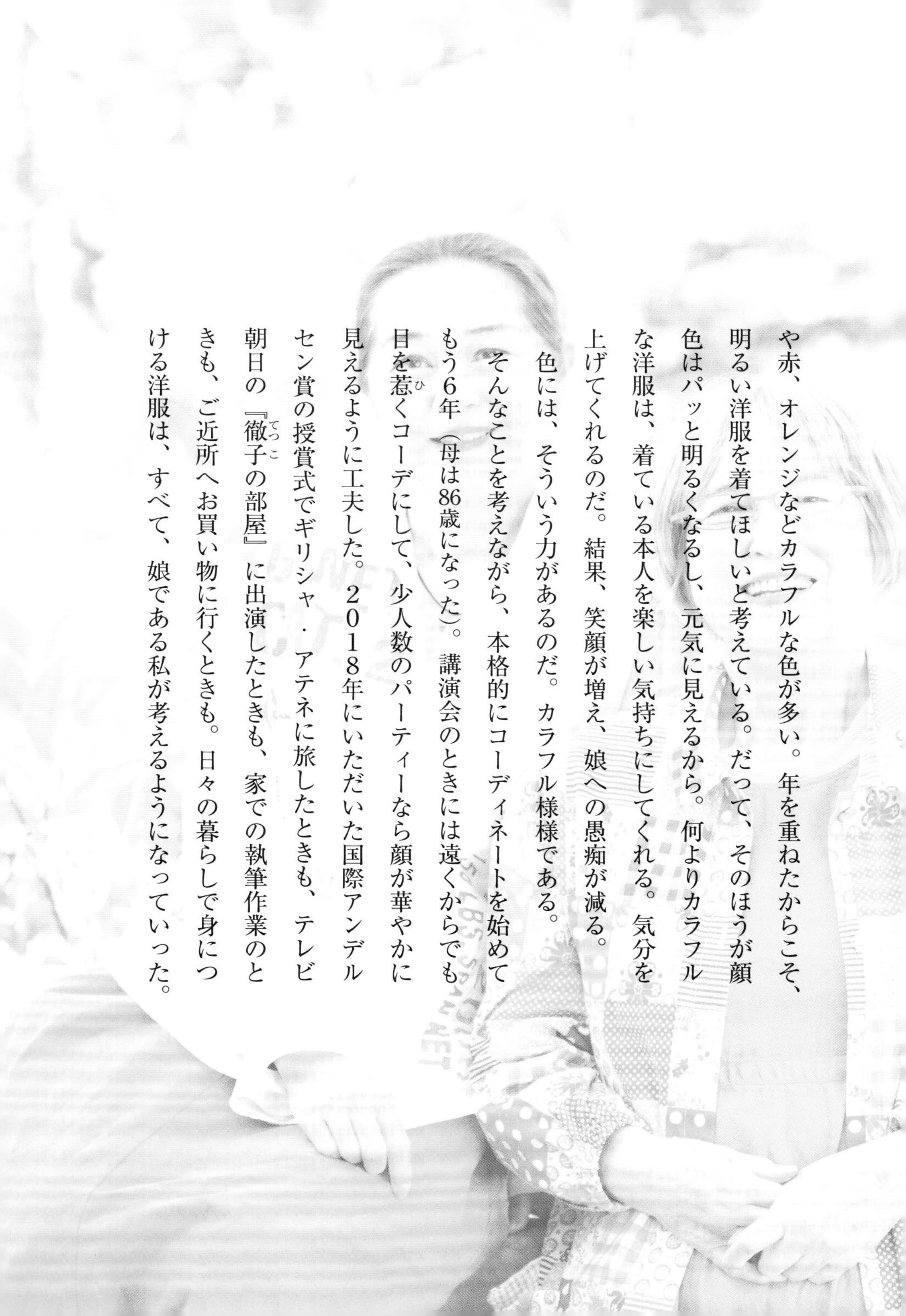

や赤、オレンジなどカラフルな色が多い。年を重ねたからこそ、明るい洋服を着てほしいと考えている。だって、そのほうが顔色はパッと明るくなるし、元気に見えるから。何よりカラフルな洋服は、着ている本人を楽しい気持ちにしてくれる。気分を上げてくれるのだ。結果、笑顔が増え、娘への愚痴が減る。

色には、そういう力があるのだ。カラフル様様である。

そんなことを考えながら、本格的にコーディネートを始めてもう6年（母は86歳になった）。講演会のときには遠くからでも目を惹《ひ》くコーデにして、少人数のパーティーなら顔が華やかに見えるように工夫した。２０１８年にいただいた国際アンデルセン賞の授賞式でギリシャ・アテネに旅したときも、テレビ朝日の『徹子《てつこ》の部屋』に出演したときも、家での執筆作業のときも、ご近所へお買い物に行くときも。日々の暮らしで身につける洋服は、すべて、娘である私が考えるようになっていった。

みなさまのお母様はどうだろうか？

年を重ねるにつれて、おしゃれに気を遣わなくなってはいないだろうか。同じ色の洋服ばかりを着ていたり、おしゃれをすることを面倒くさがったりしてはいませんか？　とくに昨今は出かける機会が減っているから、外出着＝よそゆきに対する興味も薄れがちだと思う。

でも、心の奥底では女性は年をとろうが、世の中がいくら変わろうが、いつまでも綺麗《きれい》でありたいと思っている。可愛くなりたいと願っている。そうした気持ちは10代、20代の若い女の子であろうと、50代の私たち世代から、70代、80代の母世代になろうと決して変わらないはずだ。

娘としても、母にはいつまでも綺麗でいてほしいし、おしゃれな母であってほしい。歳を重ねてしょぼくれていくより、年齢に負けることなく明るい気持ちをもって、元気でいてほしいと願わずにはいられないでしょう?

それにね、母のスタイリングをすることは、自分自身のためにもなるのだ。なぜなら母の姿は、将来の自分自身の未来図なのだから。母を見て、娘はシニアになった己を知るのです。

この本は、シニアになった母のおしゃれをサポートする、娘のための本である。もちろん、演台にのぼることの多い角野栄子のファッションが、すべての方に当てはまるとは思わないけれど、おしゃれをもっと自由に考えるコツをたくさん紹介しているので、ぜひとも参考にしてほしい。母のために。そして自分のために。魔法のクローゼットを開きましょう。

くぼしま　りお

STEP 3

小物の魔法

STEP

1

ワンピースが好き！

シンプルにおしゃれになれるワンピースは、
母世代がいきいきと生きるための絶対的な味方です。
理想のかたちを見つけてカラフルに楽しもう。

ワンピースは魔法のアイテム

角野栄子といえばワンピースという印象の人が多いかもしれない。それくらい母はワンピースを好んで着ている。

理由は、さらりと着るだけでシンプルにおしゃれになるし、着ていてすごくラクだから。会食をするときも、人前で講演をするときにもワンピース。

友達とお出かけを楽しむときのよそゆきにもなるし、ちょっとそこまでと近所に買い物に行くときの普段着にだって活躍してくれる。着こなし方によって、簡単に、おしゃれになる魔法のアイテムである。これは母世代だけでなく、私たち娘世代にも同じことが言えると思う。

そうそう、ファッションを楽しむうえで、覚えておいてほしいことがある。洋服は「レフ板」である、ということだ。

レフ板とは、女優さんやモデルさんが写真を撮るときに、顔

WHITE×WHITE

清潔感ある白ワンピで若々しさをまとう

色がきれいに映るように、自然光などを反射させる板のこと。洋服はそんなレフ板と同じような役割を果たしてくれるものである。顔の近くに暗い色をもってくれれば、顔色は必然的に暗くなり、反対に明るい色の洋服を着ていれば顔色もパッと華やかになる。

もっとも分かりやすいのは「白色」のお洋服を着たとき。白色のワンピースを着ると顔のまわりがふわっと明るくなり、白色に光が反射することで、気になるシミやシワを飛ばして若々しい顔映りにしてくれる。さらに白色には清潔感があるから、ある程度年齢を重ねた人が着ると、実年齢より確実に若く見えるんです、これが。

このとき余計な色を組み合わせず、全身を白色でコーデしてみて。多くの色を使うより間違いなくおしゃれに見えます。

洋服はレフ板。「白」で明るい印象に

角野栄子のワンピース設計図

着心地が良く、スタイルも良く見える基本

参考：母は身長 158㎝です。

着丈はひざ下 7 ～ 10㎝。ひざには老いが表れるのでひざ頭が見えない丈が理想。この丈なら椅子に座ったときも足を自由に動かせてラク。

肩幅 42㎝くらいがスラッと見える。

身幅 53㎝。年をとると厚みが出て体も硬くなるから、ある程度余裕がある方がいい。

ポケット

サイドポケットは、ゴミ箱と心得る。母世代は飴の包み紙、はなをかんだティッシュなどなんでもポケットにつっこむから。

素材

軽くて伸びる素材を選ぶ。重くなるので裏地はいりません。

裾幅 80㎝。足にまとわりついて転ぶ原因になるので裾にスリットはなし。

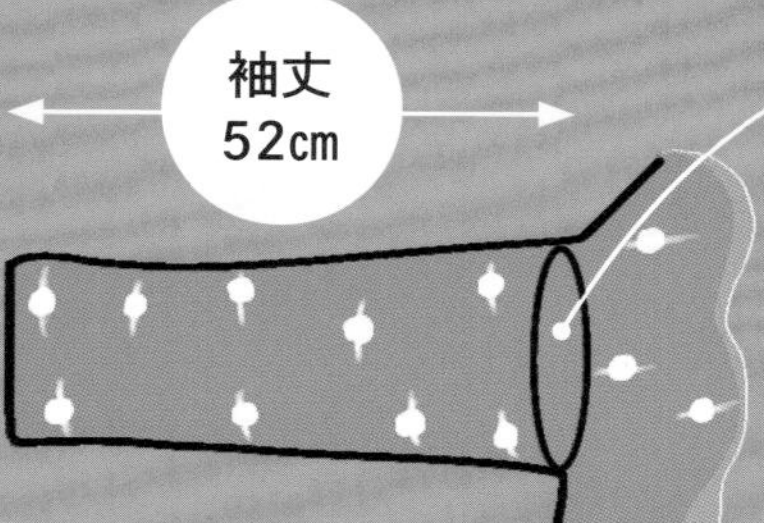

袖は十分丈に。ひじは出さない、冷やさない！

アームホール円周 50㎝

きちんとアームホールのある洋服を選ぼう！　しかも50㎝（平置き16㎝）程度が理想。年とともに二の腕はサイズアップ。にもかかわらず、市販品にはアームホールを広げているものが少ない。

サイズ　これって大きすぎない？　と思うかもしれませんが、大丈夫。大人女子は下着をたくさんお召しになるから、たっぷり、ゆるゆるがいい。

首まわり　後ろから

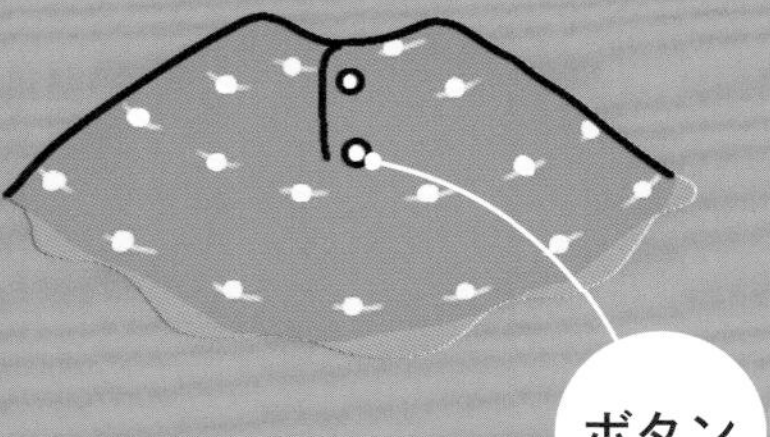

首の後ろでボタン留め。ファスナーではなくボタン、しかも3つではなく2つボタンが好ましい。

首まわり　前から

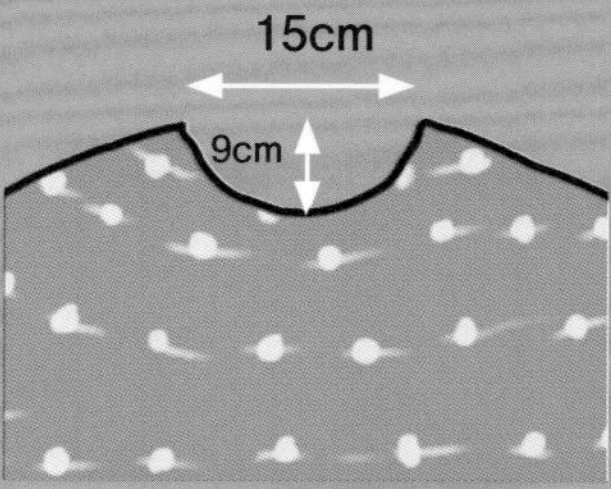

えりぐりはVネックより、ある程度詰まったクルーネックがいい。首まわりが広すぎると冷えて肩凝りの原因に。試行錯誤のすえに辿り着いた首元の開き具合。すっきりと見える。

DRESS BLUEPRINT

スラッと見えて楽ちん。大人女子は、たっぷり、ゆるゆるがお好き

ここ数年、母のコーディネートをするなかで培ってきたワンピースのかたち。着やすくするための知恵やアイデア、年とともに変化する姿勢や体型、体の機能などに合わせて試行錯誤を繰り返しながら考案した、現状においての理想型である。

身幅や肩幅などに加え、着心地や見た目を左右するのが「アームホール」。よくラグラン袖《そで》を着ている方がいるけれどシニアには不向き。猫背になり、贅肉《ぜいにく》もついているため太って見え、老けた印象を与えるし、広い袖をドアノブなどに引っかけないか、料理時にコンロの火がつかないかハラハラ！

また袖丈について。意外と冷えにつながるのがひじである。とくに70歳を過ぎたら要注意。ひじが冷えると、次いで肩や腰が痛くなり、ひざにも悪影響が出て、最悪の場合は寝込むことになる。真夏以外は長袖がおすすめ。上にカーディガンを羽織

るとなると、中でもたついて着心地が悪くなるから、やはり中途半端な七分や八分ではなく、十分丈が好ましい。

年をとると「首まわり」が痩《や》せて貧相に見えるので、Vネックよりある程度詰まったクルーネックがいい。最終的に辿《たど》り着いたのはイラストのサイズ感。このえりぐりなら、痩せた人でも体格のいい人でも首まわりをきれいに見せることができる。

また留め具には「2つボタン」を。以前はファスナーだったけれどだんだん腕が上がらなくなり閉めることが難しくなってきたので、一人でも簡単に留められる2つボタンを採用した。

とにかくシワになりにくい生地を使うこと。綿にポリエステルなどの化学繊維が少し混じっているものがおすすめだ。こうした素材は洗濯機で洗って干すだけでシワが伸び、アイロン不要。これも大切なポイントである。

ORANGE × RED

カラフルはおトク！

年を重ねると多くの方は黒や茶、グレー、ベージュといった地味な色の洋服を選びがちだ。

世間的なイメージがあるだろうし、若い頃と今の自分とを比べて、自信を失いがちになるからか、派手な洋服を着て目立ちたくないという思いもあるかもしれない。

それに何より！　暗い色のほうが汚れやシミが目立たず、気がラクだからだ。

私自身、50歳を過ぎたあたりから食べこぼしが多くなったり、知らない間に洋服を引っかけて汚すことが多くなった。洋服にシミや汚れがついていたら、本当に恥ずかしい気持ちになるから、汚れの目立たない暗い色を好んで着たくなる気持ちも分からないではない。

それでもあえて70歳を過ぎたら明るい色を着ることをおすす

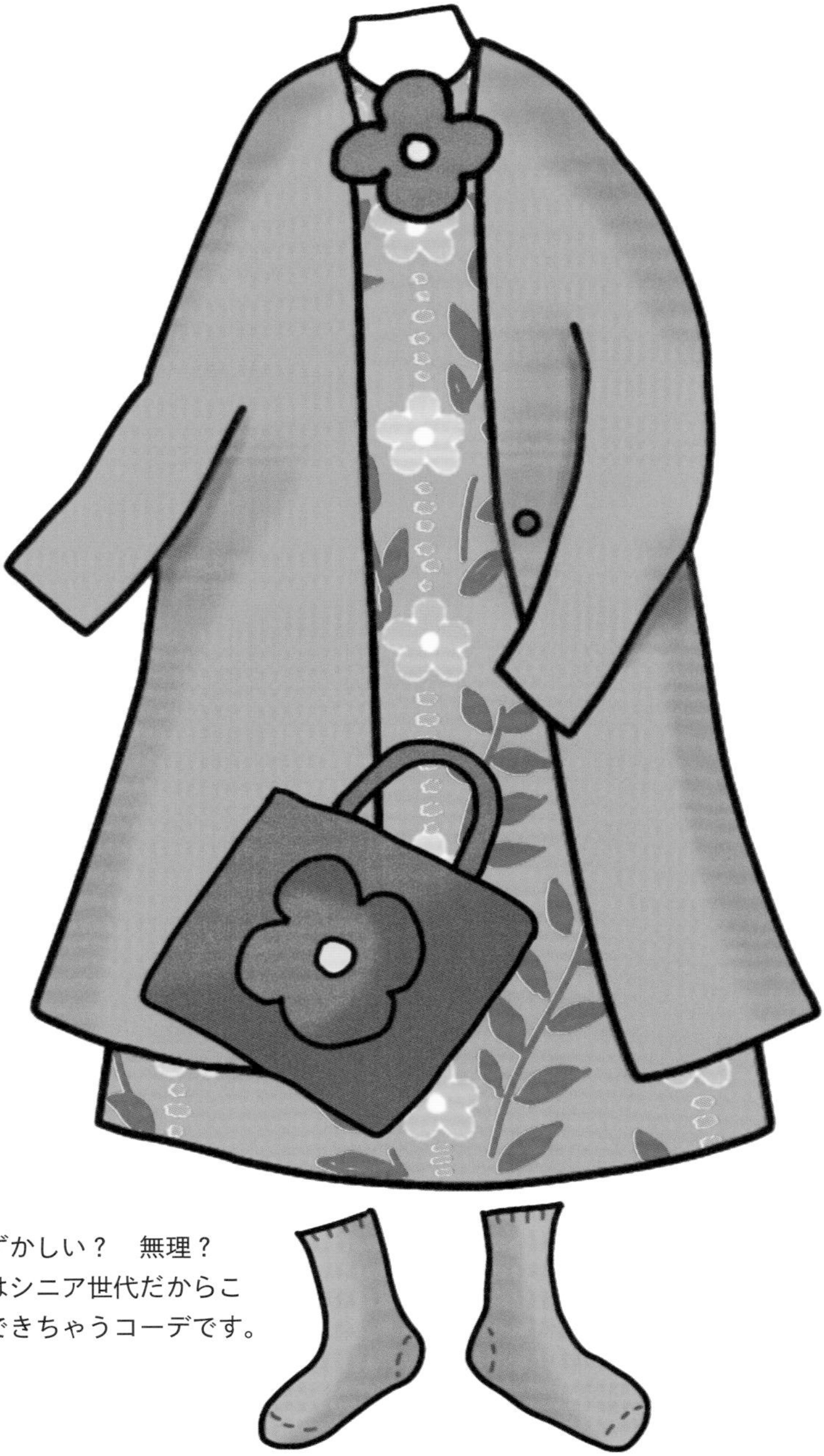

恥ずかしい？　無理？
実はシニア世代だからこそできちゃうコーデです。

ORANGE × RED

めしたい。なぜならシニア世代は赤やオレンジなどの明るい色の洋服を着ているだけで、おしゃれに見えておトクだからだ。カラフルな色をまとうことによって、印象が明るくなることはもちろん、イメージ的にカラフルに縁遠いシニア世代だからこそ「おしゃれに気を遣っているんだなぁ」と思わせることができる。私たちの世代だって無難な黒や紺、グレーばかりを着ていたら、おしゃれに手抜きをしていると思われるんじゃないかしら。カラフルは身を助ける、のである。

そこでワンピースもカラフルなものに挑戦していただきたい。「派手じゃない？」と心配される方がいると思うけれど、大丈夫。まずはコーディネートをご覧あれ。

カラフルの秘訣《ひけつ》は「ワントーンでまとめること」。色を多く使わずに同じ系統の色だけでコーディネートするこ

カラフルワンピースはワントーンが基本

合わせたいのは同系色のロングカーディガン。羽織るものだからこそカーディガンを買うときにはワンサイズ上を買うこともおしゃれのコツ。

お気に入りの柄物ワンピースを用意しましょう。

コースター

実はこれ、花をモチーフにしたコースター。首元にブローチとしてあしらったり、手提げにつけたりすれば可愛らしくなる。

ORANGE×RED

と。ほかの色を差し色に使うのも一つの手だけど、それって意外と難しく、テクニックが要求される。一歩間違えればセンスの悪い派手な人みたいになったりするから注意が必要だ。

たとえば、オレンジ色の花柄ワンピース。母のお気に入りの一着だが、その着こなしに選んだのは、オレンジ色の無地のロングカーディガンとオレンジ色のくつ下。全身をオレンジ系統でまとめている。オレンジ色ばかりといっても、ワンピースとカーディガンではそもそも素材が違う。素材が違えば当然ながら質感も異なる。ほどよくグラデーションが出て全体的に奥行きのある色合いになるので、のっぺりとした印象にはなりません。

また私のコーディネートにはもう一つ大きな特徴がある。それは「全体が長方形に見えるように意識する」こと。

長方形を意識することでスタイルは断然良く見えるようになるからだ。

年とともに体型は変わる。肩や腰の位置がずれたり、贅肉がついたり、背中が少し曲がってきたりするけれど、縦長効果を利用すれば全体的にシュッと見えるようになるのである。

長方形に見せる方法はいくつかあるけれど、ワンピースの着こなし方に関しては、縦長のラインをつくることが最大のポイントだ。オレンジの花柄ワンピースの上にオレンジのロングカーディガンを合わせたのも、まさに縦長効果を狙ってのこと。ワンピースの見た目が長方形になっているでしょう？　これがスラッとした印象を与えてくれる。もし、色のちがうショート丈のカーディガンを合わせてしまったら、上半身と下半身で視線が分断され、二つの形に分かれてしまう。すると一気にスタ

ORANGE × RED

イルが悪く見えてしまうのだ。腰のあたりで切り替えのあるワンピースもそう。だから50歳を過ぎたら、切り替えのないストンとしたワンピースが、おすすめです。

ちなみに首元についているお花のブローチ。可愛いでしょう？　キャンバス地のバッグにも同じものをつけているけれど、これ、何かお分かりだろうか。

もともとは、飲み物の下に敷くコースターとして売っていたもの。素材はアクリル糸。ドイツで暮らしていたときに見つけて買った25年もの。それにブローチ用の留め金を自分でくっつけただけの簡単アクセサリーだ。年をとると重いネックレスだと首が凝ってしまうけれど、これなら軽くて、つけていても疲れない。色が合うならコースターだろうが、テーブルクロスだろうが何でも使う。これも私のコーディネートの流儀である。

BLACK × SILVER

黒い喪服が、おしゃれ着に

最近の若者は喪服をもっていないという。お葬式があるときには、自分のもっている洋服のなかから黒色のものを見繕って着ていくというから、時代は変わったものである。

私たちの年代はもとより、母世代ならば誰しも一着は喪服をもっているだろう。フォーマルウェアゆえ、礼に反さないよう、それなりに質が良く、仕立てのしっかりとした、そこそこ高価なものが多いと思う。

私の喪服も、クローゼットのなかでもっとも高価な部類に入る。母の名代を務めることもあり、ヘタなものは着られない。ある程度、上等な品を選んだ。

それなのに、喪服を着るのはせいぜい年に数回程度。着ない年だってある。もちろん着る機会が少ないに越したことはないのだけれど、せっかくいいモノなのに、いつもクローゼットの

ザ・喪服。必要なとき以外は出番無し。もったいな〜い！

喪服をお出かけ用に？と思うかもしれないが、ちょっとしたコツでおしゃれに大変身！

BLACK × SILVER

中にちょこんとかけてあるだけなんてもったいないと思うのだ。

そこで喪服をお出かけ着にアレンジすることにした。

いざというときによれていると困るので、普段使いは無理だとしても、よそゆきに活用することはできる。わざわざ洋服を新調するより手間暇いらずで、余計なお金もかからない。

そもそも喪服を買うときには、自分の体に合っているものを選ぶだろう。正座することも想定しているから、腰まわりが広めで、スカートのなかで足が崩せるようにと、ゆとりのあるものを、買っているはずだ。ようするに楽ちんで、質の高いワンピースなのである。

喪服をおしゃれ着にするコツは、ずばり世間さまに喪服だと見破られなければいいのである。

そこで私はベスト（チョッキ）を合わせることにした。

つまり、喪服と
バレなきゃいいんです

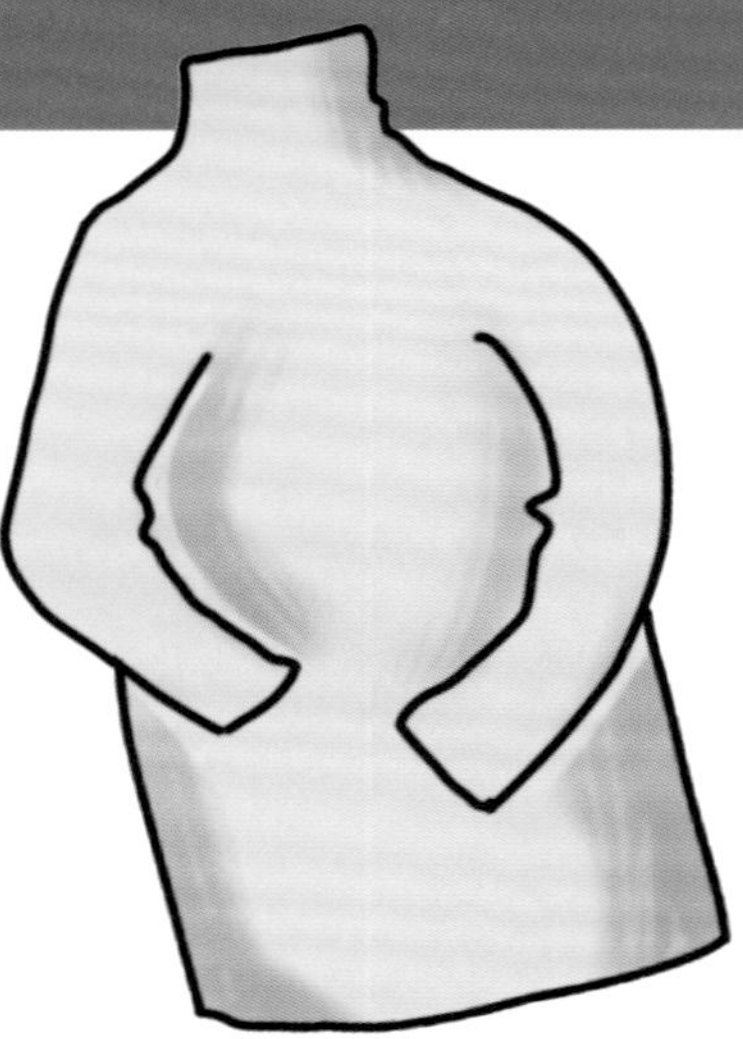

喪服は質の良い生地でつくられていることが多いので、ベストはカシミアがおすすめ。下に厚手のものを着ることを想定してアームホールが広くて動きやすく、きちんと感のあるものを選ぶこと。

喪服の存在感を薄めるためにショールやスカーフで遊ぶ。ベストと同系のグレーがベースになっているものがいい。

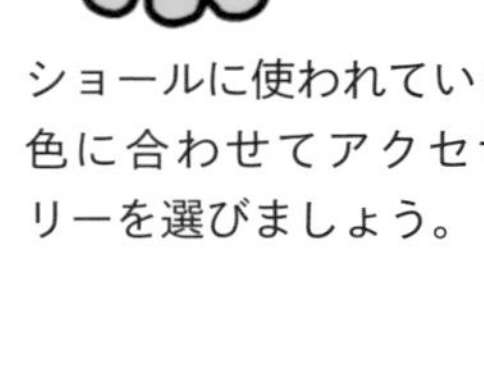

ショールに使われている色に合わせてアクセサリーを選びましょう。

BLACK × SILVER

喪服の生地は厚く、裏地がついていることが多い。袖のあるカーディガンやセーターを重ねると腕部分がゴワゴワして着心地が悪くなるし、喪服ならではの生地質の良さを隠すことになる。

ベストの素材はカシミアがおすすめ。せっかく上等な喪服なのに安物を合わせてしまうとバランスが悪くなる。カーディガンやセーターは値が張るけれど、ベストならカシミアでも手が届くだろう。色は明るいシルバーグレーをおすすめする。

ピンクや赤といった冒険色もいいけれど、ほかの洋服と組み合わせる場合、カシミアなのに着こなせない、ということになるのは本末転倒で、もったいない。

さらに、喪服の悪い意味での存在感を薄めるために活用したいのがショールやスカーフだ。

カシミアのベストと合わせるべく、色は同系のグレーがベースになっているものをチョイス。そこにきれいな色の模様が入っているものがいい。ベースがグレーであれば、模様はピンクであろうが、オレンジであろうがかまわない。

今回は、グレーベースにオレンジや緑色があしらわれたショールを選び、さらにアクセサリーにはそのショールに使われている色と同じものを合わせてみた。

最後にくつ下。母のコーディネートは意外とくつ下が肝になる。理由は108ページで詳しく紹介するけれど、そのほうがおしゃれに見えるし、弱くなりがちな足を守ることができ、より安全だから。今回の場合、普通なら黒のくつ下を合わせるかもしれないけれど、私はカラフルなくつ下を選びたい。ベストと同じグレーでもいいけれど、ショールに使われているオレン

BLACK × SILVER

ジや緑色が、やっぱり可愛いと思う。

喪服に限らず、シニア世代が黒いワンピースを着る場合は注意が必要だ。

どんなに素敵なワンピースであっても喪服っぽく見えてしまうから。お葬式を連想させるなど、もっとも避けなければいけないイメージを与えてしまうからだ。

なので、私は母に黒いワンピースをそのまま1枚で着てもらうようなコーディネートだけはしないようにしている。

母が黒いワンピースを着たのは、テレビ朝日『徹子の部屋』に出たときくらいだろうか。ただ真っ黒にはしなかった。黒地に白の水玉模様の入ったワンピース。そして、母のマストアイテムである眼鏡からネックレス、指輪にいたるまで、小物はすべて赤色で統一した。

実は、難しいのが茶系のコーデ。母世代だけでなく私たち娘世代にとっても同様だ。

BROWN × ORANGE

茶色は危険、おばあちゃん度アップ!?

茶色は危険だ。ハッキリ言ってシニア世代の女性にとって茶系の色ほど難しいものはないと私は思っている。言い方は悪いけれど、どうしても地味で年寄りくさくなるからだ。

シニアがカラフルで明るい色の洋服を着ると、若々しく見えるとお話したけれど、それとは逆に、茶系統の色は老けた印象になってしまう。普段は若々しいイメージの人がベージュのブラウスを着て、茶色のカーディガンを羽織った途端、プラス10歳くらいの印象になっちゃったことがある。

理由は茶色が土の色だから。肌の色と同系の並びにあるためか、顔色が暗くなる。光も反射しないから、どうしても顔色がくすんでしまう。

若いときに茶色を素敵に着こなせるのは肌がピンク色を帯びた色だからだ。私にとっても耳の痛い話だけれど、若い頃の肌

BROWN × ORANGE

にはキラキラとした張りや艶《つや》がある。茶色という暗い土色を跳ね返すだけのエネルギーが満ち溢《あふ》れているからこそ、暗い印象にならずに、おしゃれな雰囲気をまとうことができるのだ。

じゃあ、もう茶色は着られないの？　と不安に思う方、ご安心を。年を重ねても茶色を素敵に着こなす方法はある！

ポイントは同じ茶系統のなかで、もっとも明るい色を組み合わせること。ずばりオレンジ色である。たとえば茶色のワンピースに明るいオレンジ色のストールを巻き、くつ下もオレンジにすると一気に若々しく、どこか可愛らしい印象になる。さらに眼鏡や指輪などアクセサリーもオレンジ系のものを合わせれば素敵なコーディネートの完成だ。

今回は少しだけ遊び心をプラスして、ワンピースの茶色＝土のイメージを生かして、お花をモチーフにしたフェルトのアク

茶系にはオレンジをプラス。
上級者コーデに！

上質な洋服でも茶系が
混ざるとプラス 10 歳
になりかねない。
ベージュ、黄土色、茶
色、明るいこげ茶は着
こなし方が大事。

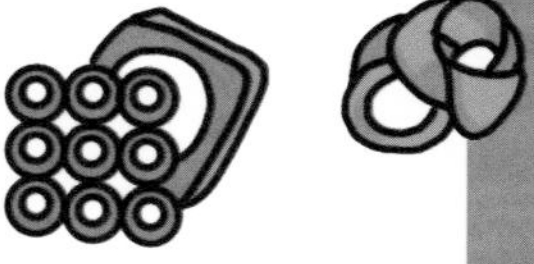

茶系のワンピースには明
るいオレンジを。
ストールやアクセサリー、
くつ下に至るまでオレン
ジで統一すればそれだけ
でおしゃれな印象になる。

今回使ったのはフェルト
でできたネックレス。つ
けているのを忘れるほど
軽いのが魅力。

BROWN × ORANGE

セサリーをチョイス。

ナチュラル系の王道・ベージュはどうだろう。ナチュラルカラーのなかでも新緑を思わせる黄緑や山吹色はシニア世代と相性がいい。けれど、やっぱり生成や麻などのベージュは残念ながら顔色をくすませる。肌ツヤが低下しがちな母世代、そして私たち娘世代にとってもまた……いわずもがな、である。

ベージュを素敵に着こなしたいなら、同じベージュを合わせるのもいい。ベージュのワンピースにベージュのカーディガン、スカーフ、くつ下に至るまで。

そして最後に加えたい大事な一手。真っ赤なルージュを塗ってみて。顔色がパッと華やぎ、明るい印象にしてくれる。これ、我が母・角野栄子の得意技である。

おしゃれさんになるか、ピンク好きの怪しいおばさんになるかは着こなし方次第。

PINK × BLACK

幸せをもたらすピンクのちから

明るい色の洋服を着ようと思っても、さすがに赤やピンクはハードルが高いという方がいるかもしれない。

こんなことを言うと驚かれるかもしれないが、実は、今でこそ赤やピンクがトレードマークのようになっている母も、かつてはそうだった。いつも黒やグレー、茶色といった地味な色の洋服ばかりを着ていた時代がある。

そんな母が赤やピンクを積極的に着るようになったのは、ある出来事がきっかけだった。

その日、たまたまピンク色のくつ下をはいて、近所に買い物に出かけた母に、通りすがりの女子高生たちが、

「おばあちゃん、おしゃれだね」

「ピンクのくつ下が可愛い！」

と言ったそうである。「可愛い」という言葉に気分を良くし

PINK × BLACK

た母は、今度はピンクのスカーフを巻いて仕事に出かけた。すると相手先の方々にまたもや「可愛いですね」「素敵」などと言われたそうで「ピンクが良くお似合いですねって褒められちゃった」と、嬉《うれ》しそうに話してくれた。

自信をつけた母は、少しずつピンク色の洋服を使ったおしゃれを楽しむようになり、いつしかビビッドなピンクのワンピースまでも着こなすようになったのだ。

実際、ピンク色のワンピースを着た母は、パッと明るく、華やかな印象になる。ピンク色を着ていると「角野さんは今日もお元気ですね」と言われることが多いらしく、たとえひざや腰が痛くても、人から「元気ですね」と言われたとたん、本当に元気になってしまうのだからピンク色って本当にすごい！ 色の力をあまくみては、いけません。

ピンクはモードに着こなして

シンプルでも、ピンクのワンピースは印象的。

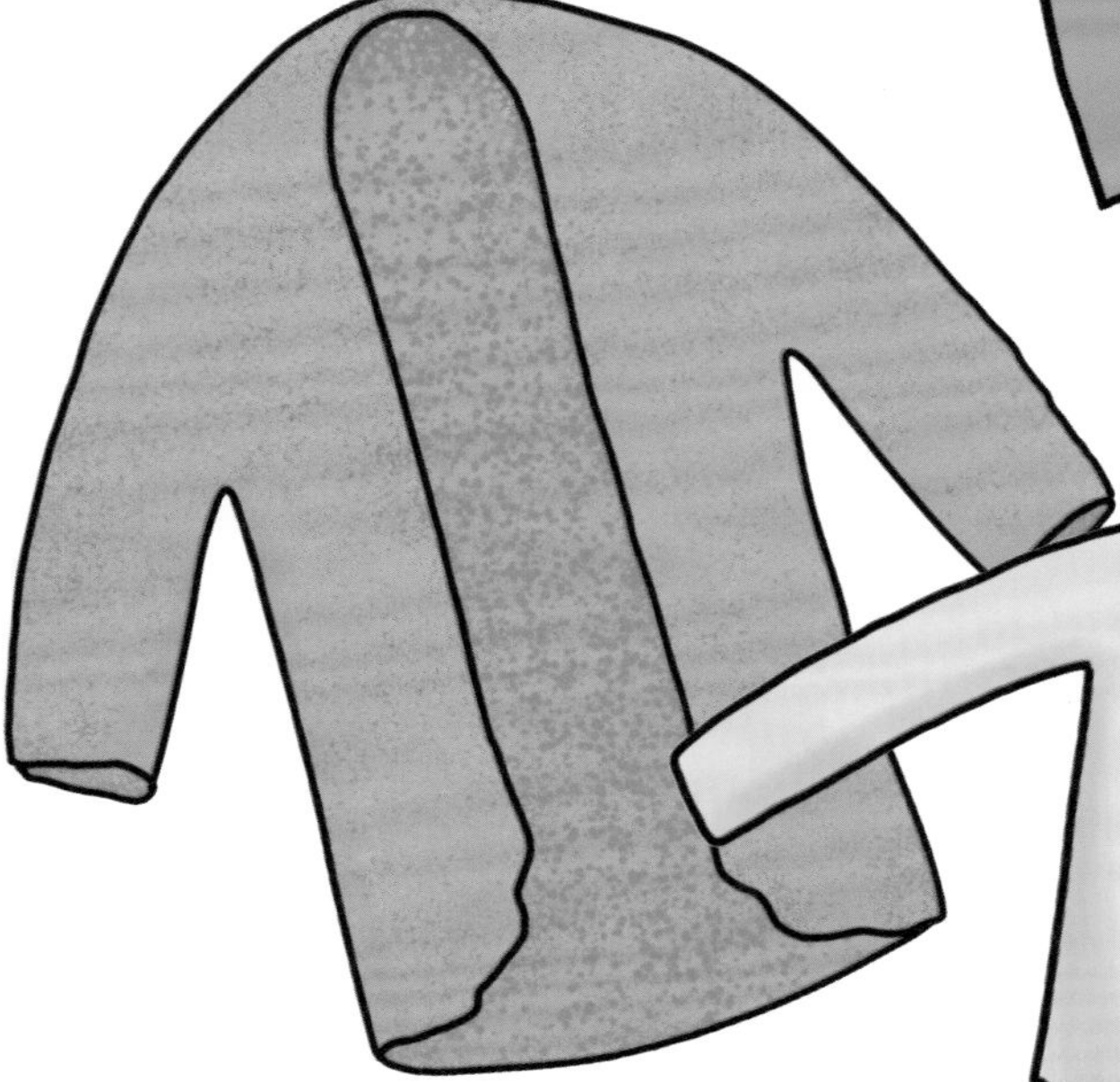

重ねたいのはもこもこの軽〜いウールのカーディガン。もこもこは若々しいおしゃれ感が出るアイテム。ただし、毛玉でもこもこはダメよぉ。

ワンピースの下にはのびのび綿素材のパワーネットインナー。

バッグや靴、くつ下には黒色を。ワンピースやカーディガンと同系色ならピンクのくつ下でも。

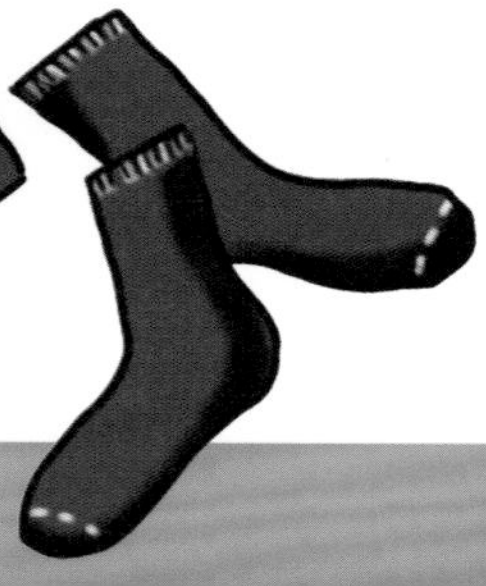

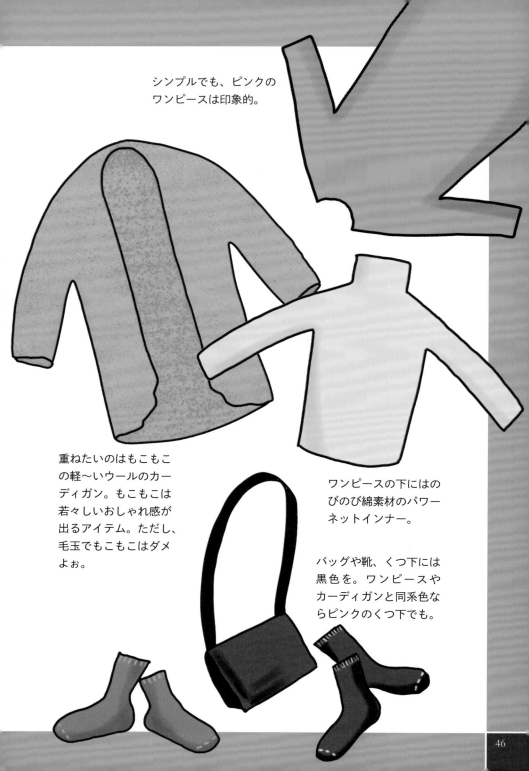

PINK × BLACK

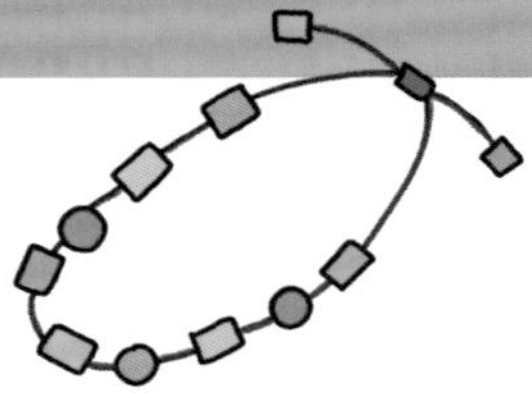

カラフルなネックレスでも、ひもが黒色であればＯＫ。

ピンクに限ったことではない。明るい色をまとうと誰しも楽しい気分になる。楽しい気分になれば出かけたくなり、お出かけすれば必然的に歩くことが多くなって健康的になる。健康で元気になれば生きることがもっともっと楽しくなると思うのだ。私がカラフルをすすめる理由は、まさにそこにある。

もちろん最初から、みなさまのお母様にピンクのワンピースを着てもらうのは難しいと思う。そんなときはくつ下やスカーフなどの小物から始めてはどうだろう。ピンクを身にまとったときには「素敵ね！」と褒めることも忘れずに。自信をつけてあげることがカラフルを楽しんでもらう大事なポイントだ。

さて、ではピンク色のワンピースを素敵に着こなすには？　大切なのはあくまでもモードに着こなすこと。フリルがついているようなファンシーで装飾的なものは、可愛くなりすぎて、

PINK × BLACK

怪しいピンクおばさんになる恐れがあるのでＮＧ。

モードに着こなすコツは、コーディネートに使う色を増やさずに同系統の色でまとめることだ。

シンプルな綿素材のピンクワンピに、少し丈が長く、もこもことしたピンク色のカーディガン。インナーにもピンク色のタートルネックを重ね合わせてみた。写真を見てもらえば分かるように、同じピンクとはいっても、素材が違えば色合いは変わり、全体的に奥行きのあるコーディネートが完成する。

ここで問題になるのが靴である。

さすがにピンク色の靴はおもちではないだろうし、そもそも70、80歳の母世代の靴は、はき心地が良くて、足に負担がかからない、かかとの低いものに限られている。その多くが黒や茶色、ベージュといった渋めの色であることがほとんどだ。そのなかでピンクに合わせやすいのは、黒である。

黒色の靴をはいたら、統一感をもたせるためにバッグも黒をチョイス。靴とバッグの色を合わせるのも大事なポイント。

ネックレスをつけるなら、飾り部分はカラフルでもOKだが、ひも部分が黒であるものを選ぶこと。ひもが茶色だったりすると、バランスが崩れる。どうしてもちぐはぐなイメージになってしまうので気をつけて。

ちなみにこのコーディネートが成立するのはシニア世代だからこそ、である。これをそのまま娘世代の私たちが着こなすのは難しい。50代以降の大人女子だったら、ピンク色のワンピースの上にグレーや黒といった着慣れた色のロングカーディガンを重ね合わせると、ぶっ飛びすぎず、おしゃれさんになる。

黄土色のワンピースは母の
お気に入り。でも、もうヨ
レヨレ……どうする？

OCHER × BLACK

ヨレヨレでも着たい、お気に入り

少しヨレヨレでもどうしても着たい、お気に入りというものがある。母にとっては黄土色のワンピースがそれだ。

着心地がいいからか、これまで幾度となく袖《そで》を通してきた。でも、よく見てみると生地はくたびれ、数カ所にシミみたいなものがついている。洗っても落ちるレベルではない。

私が「もう着るのやめたら」と提案しても、「やだ。着心地がいいからどうしても着たいの」と母……。そんな要望に応《こた》えて考えたのがこのコーディネートである。

ポイントはいかにワンピースのヨレやシミから、周りの人の視線を外すか、ということ。方法は2つある。

まずは簡単な方法から。カーディガンなどでヨレている部分を覆い隠してしまう方法だ。よく使うのは変形タイプのカーディガン。前で結び留めができて、丈は長め。この形は下に着

OCHER × BLACK

る服の地の厚さを選ばず、ウエスト位置が高く見えるのがいいところ。一つあると重宝するアイテムだ。

黒色を選んだのは、黄土色より黒色のほうがキリリと強く、目がいくから。ワンピースがどんなに汚れていようが黒色のカーディガンが印象に残るからである。

実は、この黒いカーディガンは私のものだ。親子で着回す便利な一着。ちなみに、私がこれを着るのは主に腰痛のときである。前でキュッと結ぶことで腰まわりが安定してラクになる。やさしいコルセットといったところだろうか。ちょっと腰が痛くて、冷やしたくないときに、この前結びはおすすめです。

さて、汚れから視線を外す2つめの方法は、人にヨレやシミがあることを気づかせないよう、人の視線を他の場所へ動かすアイテムを使うこと。

着たおした古着も
ひと工夫でおしゃれ着に！

前で結べるタイプの
カーディガンは１枚
もっておくと便利。

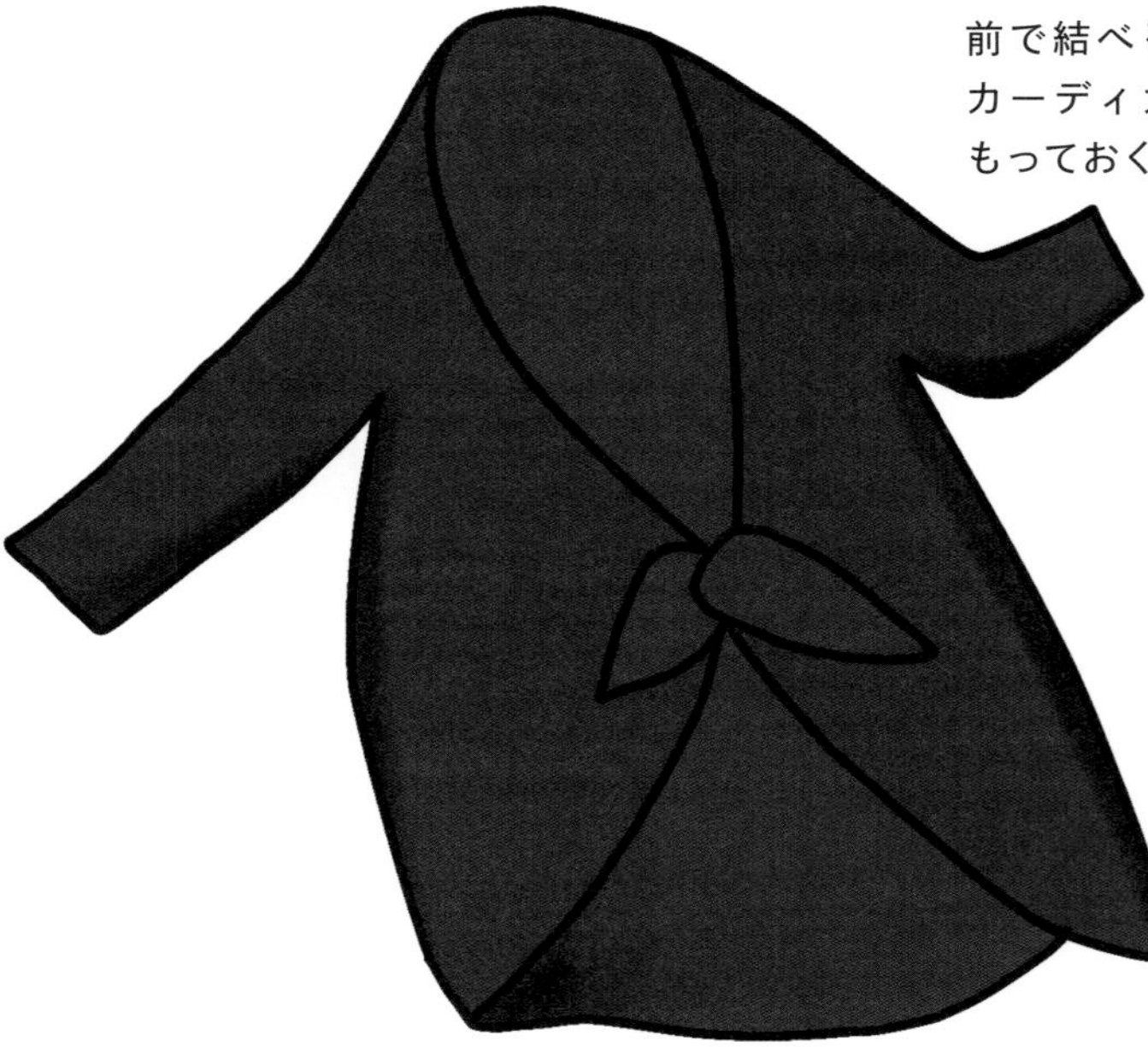

母がよく活用するパワーネット生地のタートル
ネック。白、グレー、ピンク、水玉など多種類
そろえて、ワンピースの下に着ている。

OCHER × BLACK

たとえば、印象的なスカーフをふわっと巻いて顔まわりを華やかにするとスカートの汚れに視線が向かず、元気なイメージを相手に残すことができる。今回は首元に目が留まりやすい水玉のタートルネックをチョイス。ワンピースは長方形の縦長に見せることを意識して、足元のくつ下も同じ水玉模様を合わせてみた。

相手の視点を動かすという手法は、おしゃれをするうえで大事なテクニック。顔まわりに大きなコサージュをつければ、顔のシミに気づかれにくくなるし、長いネックレスをつければ遠くから見たときにスラッと痩《や》せてみえるといった具合だ。

また、あると便利なのがパワーネットのインナー。パワーネットとは伸縮性の高い素材で、薄くて軽い生地のこと。重ね着しても負担にならず、体形も選ばず、着心地も良し。

プリントのワンピース

母のクローゼットにはワンピースがずらりと並んでいる。赤とベージュのストライプから、ピンクの可愛らしい花柄、爽《さわ》やかな水色のワンピースまで、色とりどりで、カラフルに！

今では、そのほとんどの制作を、洋裁が得意な友人にお願いしている。気に入った生地を見つけると、長年培ってきた知恵やアイデアの詰まったワンピースの設計図（16ページ参照）をもとに、新しいワンピースに仕立ててもらうのだ。

面白いのは同じパターン（型紙）を使っても、生地の模様や素材が違うと、印象がガラリと変わるこ

とである。普段着になることはもちろん、モダンなよそゆきになったり、仕事で使える作業着になったり。自分に合うサイズで展開しているから、着心地は抜群だし、おしゃれのバリエーションもぐんと広がる。くつ下との組み合わせを変えるだけで、多様な印象を表現できるのもまた楽しい。

ワンピースの魔法は母だけでなく、私たち世代にも応用可能。とくに家にいる時間が長い今の時代だからこそ、新しい柄にチャレンジしてみてはどうだろう。いつもは決して選ばない色や派手な模様を楽しんでみると、「この色、意外と私に似合うかも！」なんて、新しい発見ができるかもしれませんよ。

STEP

2

おうちで楽ちん

楽でなければいやだけど、だらしなく見えるのはＮＧ。
着心地が良くて、動きやすく、
そのまま買い物にも行けるおしゃれな日常着とは？

おうちにいる時間が楽しく、豊かになる

おうちにいるとき、みなさんはどんな格好をしているだろう。家の中は自分や家族だけのテリトリー。心からリラックスしたいし、ときには思いきりダラダラしたいもの。

でも、だからといってパジャマでいるわけにもいかず、家事をしなくちゃいけないから動きにくいのも困る。近所のスーパーにお買い物に行くときだって、わざわざ着替えるのは面倒くさい。サッと行くだけだから、ま、いいか、なんてルーズなパンツとよれよれのTシャツのまま出かけたら、知り合いに出会ってしまって、ああ、恥ずかしかったなんてことはない？

かといって、かっちりし過ぎるのは肩が凝る。落ち着かないし、疲れてしまっては元も子もない。

では、理想の日常着とはどんな服装だろう。

家にいるときには楽ちんで、そのまま外に出てもきちんとして見える服。脱ぎ着がしやすく、家事に支障がないよう動きやすさを兼ね備えていること。

さらに私としては、着ていて楽しい気分になることも大切だと思っている。

RED × RED
部屋着を遊ぼう！

とくに家の中で過ごす時間が長くなった今、おしゃれを意識しない部屋着のままでは心がどんどん疲弊《ひへい》する。ふと鏡を見たとき「私、こんなに老けていたっけ？」なんて呆然《ぼうぜん》とするかもしれない。これが母世代ならなおのこと。シニア世代の女性こそ普段着をもっと楽しむことが大切だ。

ステップ2では羽織るだけでおしゃれに見えちゃう便利なアイテムや、楽ちんなのに動きやすいパンツの選び方から着こなし方、季節に合わせたおしゃれの方法までをご紹介。

母がよく着ているのは、赤とベージュのボーダーのワンピースに、花柄のアトリエコートを羽織ったスタイル。柄に柄を重ね合わせちゃうところが、ちょっと上級の遊び技。でも全体を赤でまとめればこんなに可愛くなるんです。ね、これなら楽しい毎日を過ごせそうでしょう？

基本は「楽」ちん×「楽」しい

一着あると便利な
アトリエコート。
仕事にも家事にも、
お出かけにも使える。

PATCHWORK × BLUE

着るだけで絵になるアトリエコート

昔から母がおうちで愛用する洋服の一つに、アトリエコートというものがある。

アトリエコートとは、画家などの芸術家がアトリエで着ているスモック的なワークコートのことである。ドラマや映画で見たことがある人もいるのではないだろうか。絵を描くときに洋服が汚れるのを防ぐために着ている、あれである。長めのシャツワンピースのようなもの、と言ったほうがイメージしやすいかもしれない。

書くことを生業《なりわい》にしている母もインクでワンピースにシミをつけたり、セーターに消しゴムのカスがつくのを嫌がって執筆するときはこれを着る。さっと羽織ればスイッチオン。「仕事モードに入れるのよ」と言っていた。

もっとも我が家では母のアトリエコートのことを〝割烹着《かっぽう》〟

と呼んでいる。仕事中の作業着としてだけでなく、掃除や洗濯をするときも、台所に立つときだって、家事をするときにはいつでも羽織っているからだ。

アトリエコートは、とっても、とっても、便利である。

朝、起き立てでパジャマを着ていても、母は上にさっと羽織ってそのままゴミ出しに行く。急に宅配便がピンポーンと来たときによれよれのジャージ姿だったとしても、アトリエコートを羽織ればあっと言う間におしゃれな雰囲気に。夏場の暑い日にスケスケのノースリーブを着ていたって、アトリエコートを羽織ってボタンを留めればワンピースに早変わり。そのまま近所のスーパーに買い物にだって行けるのだ。

どんなにへんてこりんな格好をしていても、アトリエコートが1枚あれば様になるのだから、これほど便利なものはない。

気分もウキウキ、毎日が楽しくなるはず！

PATCHWORK × BLUE

さて、ではどんなアトリエコートがいいものか。

まずは軽いこと。シャツ生地のような素材なら重たくならず、季節を問わずにさっと羽織れる。冬場のことを考えて、下にたくさん着込んでも優に羽織れる大きめのサイズがいいと思う。母のアトリエコートもワンピースより少し大きめにつくってもらっている。とくにアームホールはゆったりとしている。肩や腕まわりが窮屈だと動きにくいし、重ね着をしたときに中で洋服がもたついて着心地も悪くなるから。

袖口《そでぐち》は断然、ゴムがおすすめ。家仕事といえばほとんどが水仕事でしょう。洗濯や拭《ふ》き掃除、料理もそう。いちいちまくるのは面倒だから、袖を上げやすく、スッと留まってくれるゴムが圧倒的に便利。ずり落ちてイライラすることもない。

ポケットも欲しい。サイドポケットでもいいけれど、できれ

賑やかな柄や明るい色など印象的なアトリエコートを選ぼう。

袖口は、さっとめくれて留まるゴムが便利。

お出かけするときはアトリエコートに使われているものと共通の色や柄を選ぶのがコツ。明るい色のワンピースを合わせるときには小物で差し色を。

ば外付けタイプの大きなポケットが理想的である。物の出し入れがしやすく、ティッシュやマスク、スマートフォンなどなど、いろいろ突っ込みやすくて、しかも落としにくい。

そして色柄について。アトリエコートはぜひともハデなものを選んでほしい。とくにシニア世代には、いつもは着ないような明るい色や模様に挑戦してほしいのだ。

家の中だから恥ずかしくはないでしょう？　明るい色を身にまとうと、なんだか気持ちがウキウキ。いつの間にか楽しくなってきますよ、不思議なことに。

母のアトリエコートは、先に紹介した真っ赤な花柄（63ページ参照）や、赤い水玉模様、それとパッチワーク柄などがある。パッチワーク柄は、印象的な1枚だ。Tシャツとジーンズに羽織るだけでも十分おしゃれな日常着になるし、お出かけ用と

PATCHWORK × BLUE

して楽しむことだってできる。コーディネートのコツは、アトリエコートに使われている色の中から1色選んで、他のアイテムで、その色を使うこと。

たとえば、パッチワークの中からシンプルな紺色を選んだ場合。下に着るワンピースが紺色、または、紺色のTシャツと紺色のズボンとなる。上下を同じカラーにして色の数を増やさないことがポイントだ。合わせるバッグやくつ下も同じ色にすると統一感が出る。

また柄の部分を選んでも楽しい！　パッチワークの中に、オレンジに白色の水玉模様がある。そこで、オレンジに白色の水玉のワンピースをチョイス。この場合はくつ下やカバンなどの小物をシックな色にして全体を引き締めて。

一見パジャマのようなステテコも、コーディネート次第でおしゃれアイテムに。

RED × WHITE

ステテコがおしゃれアイテムに!?

じっとしていても暑いあつ〜い、日本の夏。

出かけるときは仕方がないとしても、おうちにいるときくらいはすっきり涼しく、さっぱりと過ごしたいものである。

とくに問題なのは下半身のおしゃれ。ズボンは風が通らずにモワッとして蒸れるし、スカートは風通しは良いものの、汗をかくと股《もも》の間がべたべたして、気持ちが悪い。我ら母娘共通の悩みである。

そんなときのお助けアイテムがステテコだ。

ステテコってあのステテコ？　よくおじいさんがはいている、あれ？　そうです。あのステテコです。

ステテコは楽ちんの王道だ。長すぎず、短すぎない。薄くて、軽くて、動きやすく、何より汗をかいてもすぐに乾いてくれるのが嬉《うれ》しいポイント。主婦は何かと汗をかくでしょう。掃除をしては汗をかき、洗濯でまた汗をかきかき。フライパンを強火であおったときにはもう汗ダクダク。それでもステテコは、すぐに乾いて爽《さわ》やかさを保ってくれるのだ。

最近はおじさんアイテムというイメージを覆すようなカラフルで可愛いものから、素敵な柄物まで、おしゃれなステテコが数多く出回っているから、使わない手はない。

とはいえ、である。ステテコはやはりステテコだ。

母や私がステテコをそのまま着ているだけでは、ただのだらしのないオンナになってしまう。どんなにおしゃれな柄だろうが、ハイブランドの高価なステテコであっても、結局のところ、寝間着に見えてしまうのだ。そうしたことを肝に銘《めい》じながら、おしゃれに演出するコツがある。

絶対に必要なのがくつ下だ。ステテコというと、素足にサン

もうパジャマとは言わせません

ステテコはひざがしっかり隠れるものを。カーディガンはひとまわり大きなものを選ぶと着回しが楽ちん。

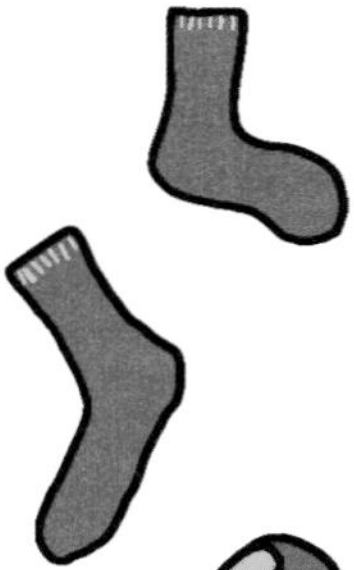

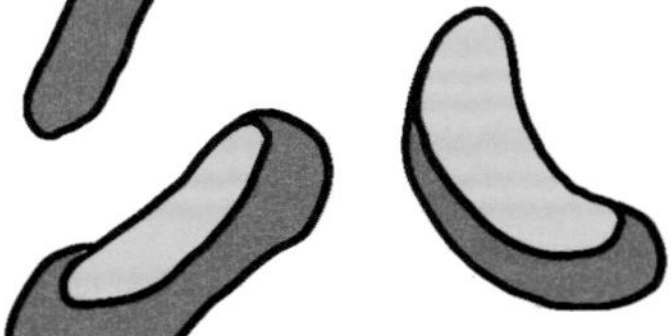

あると便利なのがシンプルな赤い靴。色合わせが目的なので安物でＯＫ。

カバンも赤色に。買い物用のエコバッグも赤色だと統一感が出る。

RED × WHITE

ダルが定番かもしれないけれど、それだけはNG。いくら涼しくても見た目がおじさんのようになるか、反対に小学生の子どもみたいになってしまう。それに大人女子にとって冷えは大敵。くつ下は必須条件と心得て。

トップスには〝白×長め・大きめ〟のTシャツやタンクトップがおすすめである。暑い時季だからこそ、白色は涼しげな印象になるし、レフ板効果で顔色をパッと明るく、華やかに見せてくれる。さらに長め・大きめの理由は、お尻《しり》まわりをすっぽり隠してくれるから。ステテコは生地が薄くて下着のラインが見えやすい。年齢を重ねた女性の下着は股上が深めでしょう？短いトップスでは下着が覗《のぞ》いてしまうことにもなりかねないから長めのほうが安心して着ていられる。

このとき、白のTシャツやタンクトップは質のいい、生地の

RED × WHITE

しっかりとしたものを選ぶこと。合わせるアイテムがステテコのようなお気楽なもののときこそ、良い素材のものを組み合わせると安っぽくならない。とくに50歳を超えた女性にとって、これはとても大切なことである。

また上に羽織るものが欲しいのが、大人女子というものだ。Tシャツやタンクトップのまま、腕を出すのは抵抗があるし、くつ下同様クーラーによる冷え対策にも必要である。

私が選んだのは、少し大きめのカーディガン。裾《すそ》がストンと落ちているものを選ぶと、中に着たTシャツがよれたり、もぞもぞすることもない。

ここまでアイテムの紹介をしてきて、もうお分かりだと思うけれど、ステテコファッションも色を増やさないことが大切である。ステテコが赤ならカーディガンも赤。くつ下、カバンなどの小物にいたるまで赤色で統一すること。私はといえば、赤いステテコを着たときには、愛犬との散歩に使うリードでさえも赤色にしてトータルでコーディネートしている。

そうそう、ステテコは冬でも活用できるんですよ。

私は、おうちでワンピースやエプロンドレス（94ページ参照）の重ね着をするのだけれど、寒いときにはステテコをよく着ている。タイツやスパッツだと締めつけられて煩《わずら》わしくなるけれど、ステテコなら開放的だし、スカートのなかに空気の層ができてとっても暖かいのだ。これ、母にも好評の寒さ対策だ。

しかも更年期に差し掛かるとホットフラッシュが起きて、突然ガーッと火照ったりするでしょう。そんなときステテコならすぐに脱ぐことができる。そうした手軽で、使い勝手のいいところもまた魅力なのだ。

驚くほど暖かな重ね着コーデ。
軽くて、おうちでも動きやすいのもポイント。

GREEN × BLACK

ワンピースの重ね着で暖かさをまとう

暑い夏のステテコーデから一転、今度は、寒い冬をいかに暖かく、楽に、おしゃれに過ごすかというお話である。

分厚いセーターや厚手のインナーを着るのももちろんありだけど、おすすめは2枚のワンピースの重ね着だ。

まず用意したいのは無地のカラーワンピース。柄モノより無地をおすすめするのは、だれでも簡単にモード感を出せるから。モード感のあるコーディネートは、安いお洋服でもおしゃれに見えるし、手軽に〝装い感〟が出ておトクである。

母の緑色のワンピースも質より色で選んだアイテム。Tシャツのような生地で、ある程度、伸縮するタイプである。

もう1枚には、袖なしのワンピースを。肩まわりや腕部分がゴワゴワせずに動きやすい。さらにいえばどちらかのワンピースにはスルッとした生地を選びたい。まとわりつかず、足さば

GREEN × BLACK

きが良くなるからだ。今回、合わせたのは二重ガーゼ素材の黒色インナーワンピである。

冬なのにそんなに薄手の生地でいいの？　と思うかもしれないけれど、一枚一枚のワンピースが薄くても、重ね合わせることで空気の層ができ、これがびっくりするほど暖かい。暖かな空気にほんわりと包まれるような感覚になるのが、ワンピースの重ね着の最大の魅力である。

分厚いセーターを重ねてしまうと体が重くなるけれど、薄いワンピースなら体も軽く、身動きしやすい。おうちの中でも気楽に過ごせるし、上にコートやダウンを羽織ってしまえば、そのままお出かけだってできるのだ。

ただし、重ね着をするときはワンピースの着丈を十分に知っておくことが大事である。重ね着をしたとき、下からちらりと

空気の層が
体をほんわり包みます

ワンピースの重ね着には、長袖のカラーワンピとノースリーブの２枚を用意。

インナーに黒のタートルネックを重ねればさらに暖か。小物類も色を合わせて。

GREEN × BLACK

見せたかったのに短くて見えない！　なんてことが起きないために。おしゃれに着こなすためのコツである。

2枚のワンピースを用意したら、カラーワンピースを上にしても、黒いインナーワンピを上にしてもいい。母はその日の気分で自由に変えて、楽しんでいる。

首まわりが寒い場合は、黒色のタートルネックを下に着ても。さらにスカートのなかに厚手のタイツやスパッツをはいてもいいし、母のように、窮屈なのが苦手という方はステテコ（72ページ参照）とくつ下を組み合わせるのもいいかもしれない。

お出かけのときにはカラーワンピースに合わせて小物をチョイス。緑色のワンピースならマフラーやネックレスなど、それぞれどこかに緑色が使われているものを。くつ下にはあえて縞《しま》模様をもってくると、ひと味違うおしゃれさんになりますよ。

ダラダラおうち
スタイルにひと
工夫するだけで、
素敵なお買い物
コーデに。

BLUE × YELLOW

ひと工夫でおしゃれさん

右のパンツスタイル、爽《さわ》やかでしょう？

これ、母がおうちでゆったり寛《くつろ》いでいるときによく着ている、薄手の白のワンピースに、ひと工夫しただけの簡単コーデ。近所のスーパーに行くためにわざわざ着替えるのは面倒くさいという母のリクエストに応《こた》え、いかに手間暇かけず、おしゃれに見せるかを考えたアレンジスタイルである。

そもそも白いワンピースはおうち時間での活用度大。それだけで清潔感があるし、おしゃれ感が出るアイテムだ。

愛用しているのは、綿１００％のワンピース。「白色は汚れやすいから家では着ない」という人がいるかもしれないけれど、漂白剤でジャブジャブと洗える白色は案外、綺麗《きれい》に保つのが簡単。想像以上に部屋着に向いていると思うのだ。

欠点があるとすれば、白は透けやすく、ものによってはペラペラの下着みたいであるということ。その点を誤魔化《ごまか》すことができれば何の問題もない。

そこで活用したいのがロングカーディガンである。

安物ワンピのあらを隠してくれるし、腰を冷やさないためにも有効。さらには縦長効果でスタイルをよく見せてくれるという嬉しい特典付きである。

ただし、選び方には注意が必要だ。シェイプしていて体に張り付くようなラインになるものはＮＧ。裾は裁ち落としで、ストンとしているものがいい。裾がすぼんだデザインだと、中に着ているワンピがもたついて着心地が悪くなる。足さばきが悪くなり、危険でもある。

ズボン（パンツ）について。

ズボンは楽であることが第一条件だ。年をとるとヒップのラ

「あら、素敵!」は、実はとても簡単です

はき心地のいいズボンはおうち時間の必需品。同系色のロングカーディガンを合わせれば、縦長効果で一気におしゃれな雰囲気に。

インを強調したいわけでも、ステッチに格好良さを求めるわけでもない。とくに今回、見えるのはひざ下だけなのだから、デザインよりはいていて楽なことが大事になってくる。

やっぱり楽なのはゴムのウエストだ。ただし、細いゴムを使っているものは、選ばないようにしたい。食べすぎて、ウエストがきつくなったとき、お腹にミミズが這《は》ったような跡がついてかゆくなることがあるから。母世代は後々痛みを伴うことにもなりかねないから避けるに越したことはない。

選びたいのは〝ゆるゆるのゴム〟＋〝ひも留め〟だ。ひもつきは、締め具合を自分で調節できるところがいい。あとはお尻に食い込まないか、ひざまわりはゆったりとしているかが見極めのポイントになってくる。

ちなみにズボンを購入するときのお気に入りは、スーパーの

2階などにある洋服コーナーだ。婦人服から紳士服、子ども向けファッションまでなんでもそろうあの場所には、ご婦人のあらゆるウエストを受け入れてくれる多様なパンツがそろっている。ゴムのウエストパンツあり、伸縮素材ののびのびデニムあり。大手のカジュアルブランドのパンツもいいけれど、若者用の売り場でもあるから、ひざまわりがきつかったり、丈が長すぎたり。混んでいることも多く、試着をするのに時間がかかるから、買いに行くことさえ億劫《おっくう》になってしまうかもしれない。その点、スーパーの洋品店ならゆっくり試着して買い物ができる。さらにはお値段も手頃ときているのだから、我らにとって非常に心強い味方なのである。

今回コーディネートに使っているジーンズも、スーパーで購入したもの。確か1500円くらいだったかしら。この値段なら、汚れようが、なにをしようが気を遣《つか》わなくて済む。

こうしたズボン使いは50代でも、60代、70代、80歳を過ぎてもそれほど大差なし。つまり、娘世代の私たちから母世代まで使える、おうち時間のためのパンツテクである。

さて、ここでおさらい。白いワンピースを着てリラックスタイム……と思っていたらもう買い物の時間！　ワンピースの下にスーパーで買ったズボンをはいて、同じ色のカーディガンを羽織り、さらに同じ色のスカーフをぐるりと巻けば、あら、不思議。きちんと考えられたコーディネートの完成だ。

あとは小物で遊ぶだけ。全体を青系で統一してもいいけれど、今回は水色と相性のいいレモン色を差し色にして、よりカジュアルな雰囲気を演出。レモン色のくつ下をはくだけでもよし、スカーフやカバン、アクセサリーに黄色の入った物を選んでも。

大活躍！　エプロンドレス

ここ最近、私が日常着としてはまっているのがエプロンドレスだ。家の中で楽に着こなせるだけでなく、買い物に行くときにも活躍するニューアイテムである。

その名の通り、エプロンのような形をしているけれど後ろで結び留めするタイプではなく、上からかぽっと被《かぶ》れるワンピースだ。脇幅を広くとっているから脱ぐときには腕を上げずに、肩ひもをはずして下にストンと落とすことも可能。脱ぎ着が楽なのもエプロンドレスの魅力である。

母の理想のワンピースづくりと同じく、エプロンドレスも試行錯誤を重ね理想型を追求。

たとえば首まわりの形。クルーネックのような丸型ではなく、スク

肩ひも

肩ひもは４㎝幅が理想的。細すぎると肩が凝るし、太すぎると厚ぼったくなって、子どものジャンパースカートのようになってしまう。

首まわり

首まわりはスクエア型であること。丸いとフェミニンになりすぎる。

ポケット

大きくて何でも入る優秀なポケットは必須。眼鏡や携帯電話、マスク、買い物のときのメモ書きも。ちなみに私がデザインしたエプロンドレスにはサイドポケットもついている。

脇幅

広くあいた脇。動きやすく脱ぎ着も楽ちん！

エアタイプにすることでフェミニンになりすぎず大人の雰囲気に。

さらに前身頃につけた大きなポケット。サイズにして縦30㎝×横20㎝が2つ。大きすぎない？　と思われるかもしれないけれど、これが優秀。

眼鏡がない！　スマホをどこに置いたっけ？　なんて捜しものをすること、あるでしょう。そんな置き忘れやすいものたちを、全部ここに入れておけるから、なくす心配も、あたふたと慌てて捜す手間も必要もないというわけ。

色や柄を楽しむことはもちろん、夏にはリネン、冬には温かい起毛綿を選ぶなど、季節に応じて生地を変えると使い勝手と着心地の両方が手に入る。

そうそう、余った生地でマスクも作製。エプロンドレスと合わせて、トータルでコーディネートしちゃってます！

STEP

3

小物の魔法

人の目に留まるような楽しいアイテムは
自分も他人も笑顔にしてくれる。
そんな小物使いこそ、大人の女性の本領発揮です。

笑顔をもたらす小物の選び方

母のコーディネートをするとき、小物使いにおいて最も大切にしているのは、母をおしゃれに飾るということでもなく、TPOで必要だからでもない。顔まわりを華やかにする、体を冷やさないといった意図はもちろんあるけれど、それ以上に大事にしていること――それは、母と、母と出会った人たちを笑顔にすることである。

たとえば86歳の母が水玉のくつ下をはいている。それを見た人は「可愛い」「おしゃれ」と思ってくれるだろう。ときにはくつ下が話のタネになり、会話に花が咲く。相手が自分をほめて笑ってくれれば、母も笑顔になれるでしょう。シニア世代にとってこれほど嬉《うれ》しいことはないし、若い子には決して真似することのできない、シニアだからできる、おしゃれの魔法である。

少し勇気を出して、これまで使ったことのない印象的なちょっとドキドキできる小物を使って、おしゃれを遊んでみませんか。

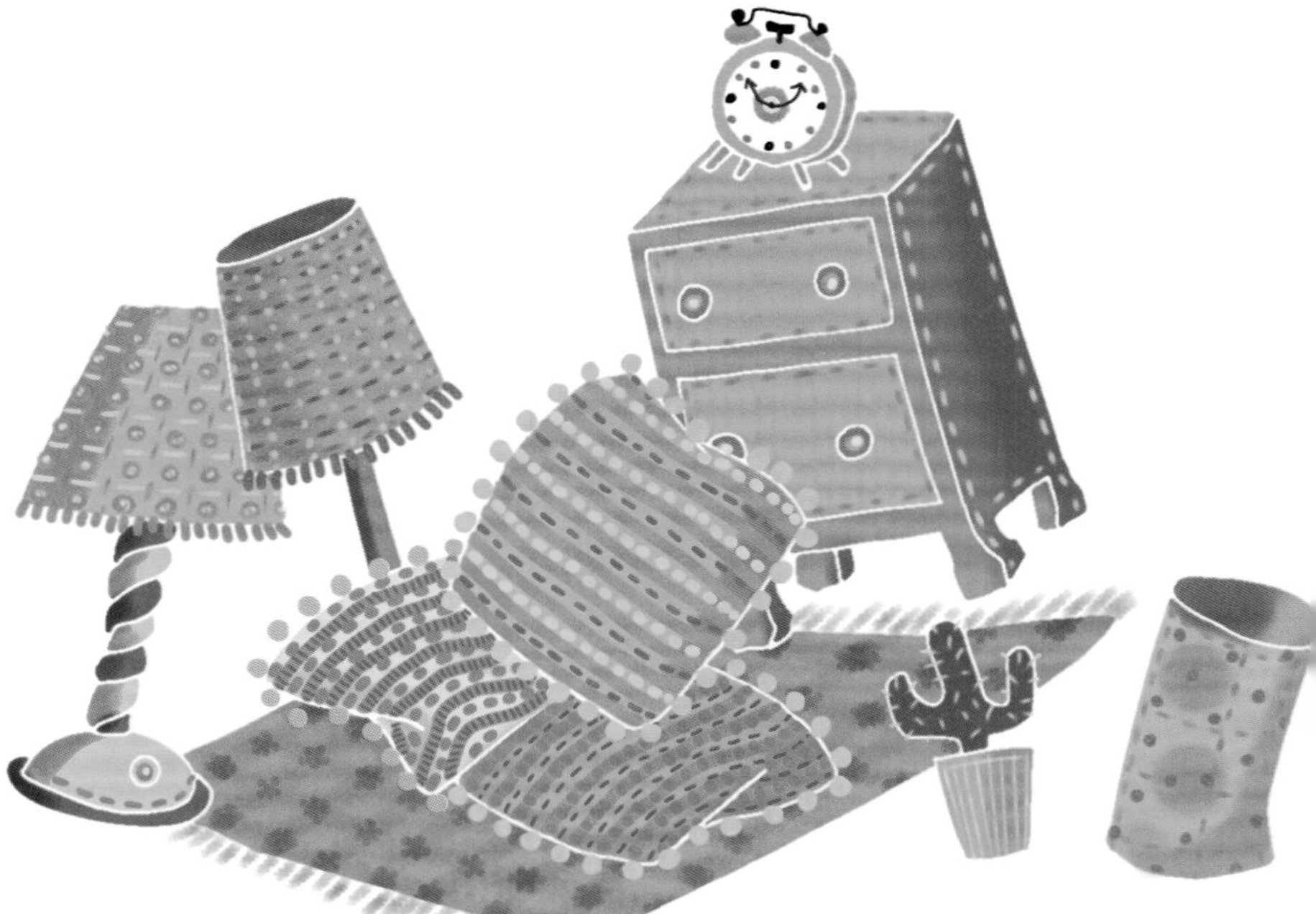

SCARF & STOLE

大小を上手に使いこなす

コーディネートの大事なアクセントになるスカーフやストールは、大小それぞれの特長を押さえておくと使いやすい。

まずは大きめのストール。体を包み込むサイズゆえ、体を守ってくれる温かさがある。人の目をパッと惹《ひ》きつける印象を与え、個性も出しやすいのが特長。でも大きい分、長時間つけていると重くなり、室内では少し煩わしくなるかもしれない。

シニア世代に大いに活用してほしいのが、小さめのストールやスカーフだ。首まわりだけでコンパクトに完結してくれる手軽さがいい。さらに顔まわりを華やかにしてくれるから、ネックレスやコサージュの代わりにもなり、シミやシワを目立たなくするのにも有効だ。使わないときにはクルクル丸めてカバンの中に入れてしまえば、持ち運びも楽ちんである。

母は夏ならアクリルやレーヨンといった軽い素材を、冬には

シンプルなワンピースもストールやスカーフを巻くだけで印象ががらりと変わる。

ねじりん棒

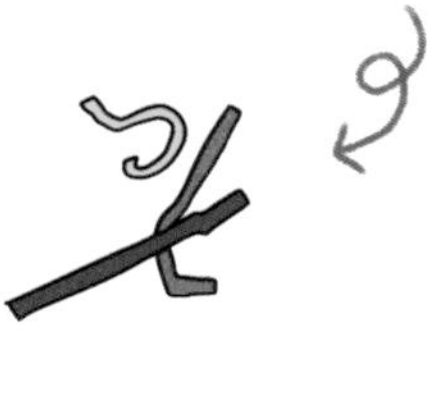

パンの袋などを留めるときに使われる通称〝ねじりん棒〟。ねじって留めるだけで簡単にまとまる。いろんな色を用意しておくと便利。

SCARF & STOLE

木綿やウールなど温かな素材を選んで使い分けている。

小さなスカーフをつける場合、一つだけ問題があるとすれば結び目がまとまりにくいことである。

固結びにしないと解《ほど》けてしまうけれど、結び目が大きくなりすぎて、バランスが悪くなる。かといってひと結びだとすぐに解けてしまい、これはこれで煩わしい。

そんなときには〝ねじりん棒〟で留めるといい。

ねじりん棒とはパンの袋などを留める針金の入ったビニールタイのこと。ラッピングタイとも呼ぶらしい。これでスカーフをねじって留め、重なった生地の下に折り込んで隠すだけ。小さなネッカチーフでもきれいなリボン型になります。繊細な生地には不向きだけれど、大抵の物は大丈夫。普段からいろいろな色のねじりん棒をストックしておくと便利である。

首元のアレンジで
おしゃれ上級者になる

NECK WARMER & ARM COVER

おしゃれな冷え対策

ネックウォーマーは文字通り首を温めてくれるもの。温かさを身にまとい、おしゃれに体を守るための便利なアイテムである。シニア世代にはぜひとも使ってほしい。

母の大のお気に入りはシルク・カシミアで、エンジ色のもの（107ページ右写真の右上）。年をとると肌が敏感になるためチクチクは御法度。できればカシミアや綿を選びたい。私のお気に入りは丈が長くて胸元が丸くなったネックウォーマー（同・右下4枚）。スポーツ用品メーカーのものらしいけれど、首元からめくれ上がってこないのがいい。

アームウォーマーも重宝するアイテム。日焼け防止で使う方が多いと思うが、母は少しちがう。電車やデパートなどクーラーが効きすぎている場所で大活躍！　カーディガンより持ち運びやすいから、出かけるときにはカバンに忍ばせておくといい。

右／ネックウォーマー。左下のひも付きはキュッと絞れば帽子にもなる。
左／アームウォーマーにもシルクや綿など肌触りが良くてチクチクしない素材を選ぶこと。

SOCKS

どハデなくつ下も、使いよう

私が母のスタイリングをするようになってからずいぶん経つけれど、提案したことの中で、もっとも気に入ってくれたのは「くつ下」を用いたことだった。

それまで、お出かけするときはストッキングやタイツをはいていた。必然的にパンプスをはかざるをえず、無理してはくものだから足が痛くなったり、ひざに負担が掛かってしまうことに。出かけるときには元気でも、帰ってくる頃にはもうヨロヨロ。そんな姿を見ていたこともあってくつ下を合わせることにした。

くつ下のいいところは、靴の中で足が変に動かないところである。変に動かないから疲れにくい。それに冷えはたいがい足からくるから、くつ下は冷え防止にも優れた力を発揮する。足が冷えないということは、足が元気でいる時間が長くなり、も

シニア世代が明るく可愛いくつ下をはくと、自分も他人も笑顔になる！

SOCKS

つれず、絡まず、歩きやすいのだ。

これまで紹介したコーディネートでもお分かりのように、母に選んでいるのは、小さな子どもがはくような花柄のくつ下や、水玉、ストライプなど、明るく可愛い、派手なモノばかり。

どんなに可愛いと思ってもお出かけのときにははけない……というのが、みなさまのご判断かもしれない。

でも、よく考えてみてください。くつ下の半分は靴の中に隠れてしまう。見えるのはくるぶしから上の15㎝ほどで、全体からするとほんのわずかな面積である。しかも足元ゆえに、思うほど悪目立ちはしない！

足元が可愛いと楽しく歩ける。しかも気づいてくれた人に微笑んでもらえて、ほめられる。可愛いくつ下はシニア世代にとって簡単に評価をもらえる、お得なグッズなのである。

ACCESSORIES

可愛いネックレスの威力

母のアクセサリーは、軽くておもちゃのようなネックレスばかりだ。バリエーションに富んだ色や形、質感、カラフルでポップな見た目。プラスチックやアクリル素材で仕立てられたそれは、まるでキャンディみたいな可愛らしさである。

もともと母が金属アレルギーということもあるけれど、貴金属より軽くて疲れないいし、パールのネックレスや宝石にはないおしゃれな雰囲気を醸《かも》し出して、シニアを素敵に見せる威力があると思うのだ。たとえば、グレーのシンプルなワンピースを着ていても、カラフルなネックレスをつけるだけで、あっと言う間にハイセンスな装いになる。

ネックレスを選ぶとき、デザイン性ばかりに目がいくけれど、意外と大事なのがひもの色。たとえば黒い靴をはいて、黒いカバンをもっているのに、ひもの部分が白色や茶色、チェーンだっ

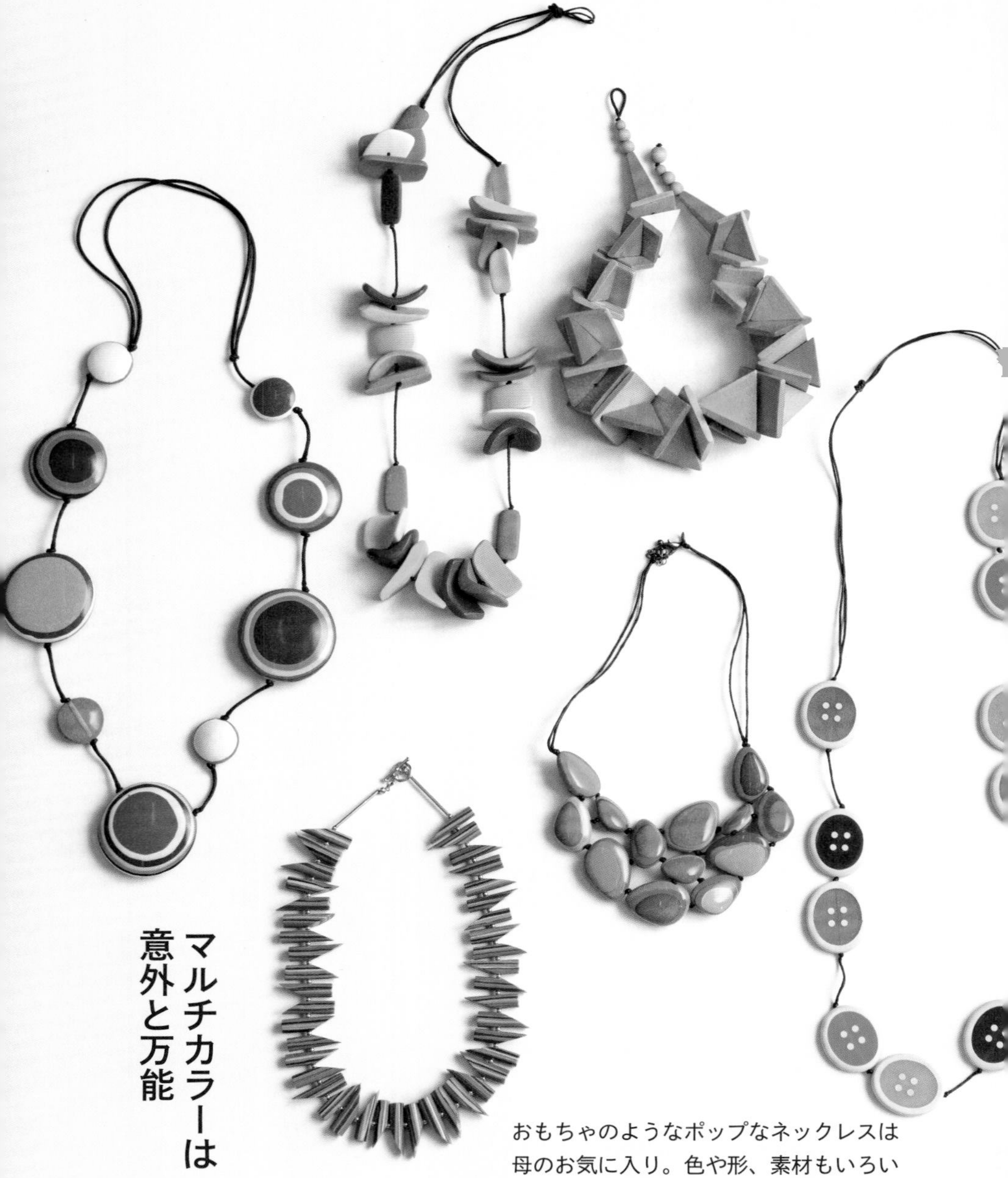

マルチカラーは意外と万能

おもちゃのようなポップなネックレスは母のお気に入り。色や形、素材もいろいろ。プラスチックやアクリルだからつけ心地も軽く、疲れにくいのもポイントだ。

ACCESSORIES

出張や旅行時には、軽くて持ち運びしやすい左のようなネックレスを持参。1本でも素敵だけれど、用途によって2〜3本重ねづけするとゴージャスな印象に。


たりすると一気にコーディネートが崩れてしまう。使い勝手がいいのは断然、黒。母のネックレスもほとんどひもは黒である。

さて、ネックレスを使ったコーディネートは、これまで紹介してきたように洋服の色と合わせるという方法のほか、シチュエーション別のアレンジ方法がある。

友人との食事会や対面で取材を受けるような接近戦のときには、顔の近くに花のモチーフがあるものや、華やかさをプラスできるショート丈のネックレスを選ぶといい。華やかな印象がそのまま、その人の印象につながるから。

また結婚式などの大きなパーティーや講演会のように、遠くから見られる場合には、長めのネックレスをチョイス。長さを利用することで背筋がシュッときれいに伸びた印象になり、縦長効果でスタイルも良く見える。

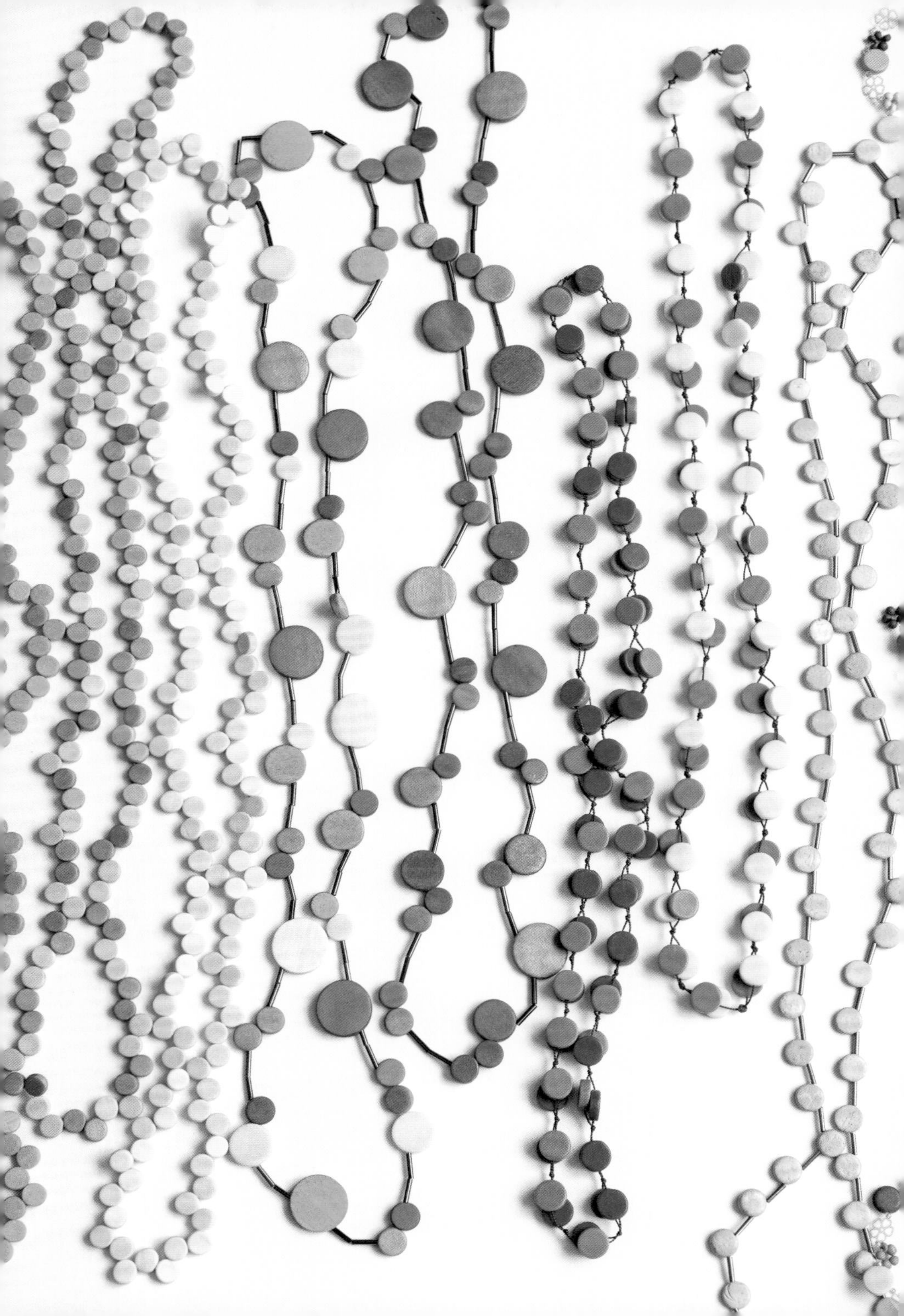

ACCESSORIES

可愛いピンク色のネックレスからクールな青、ポップな赤、チョーカーや花をモチーフにしたフェルトタイプまで、小物入れはまさに宝箱！　とくに気に入ったデザインは色違いでそろえておくとコーディネートで悩まず済む。また保管するときには色やモチーフ別に分けておくと便利である。

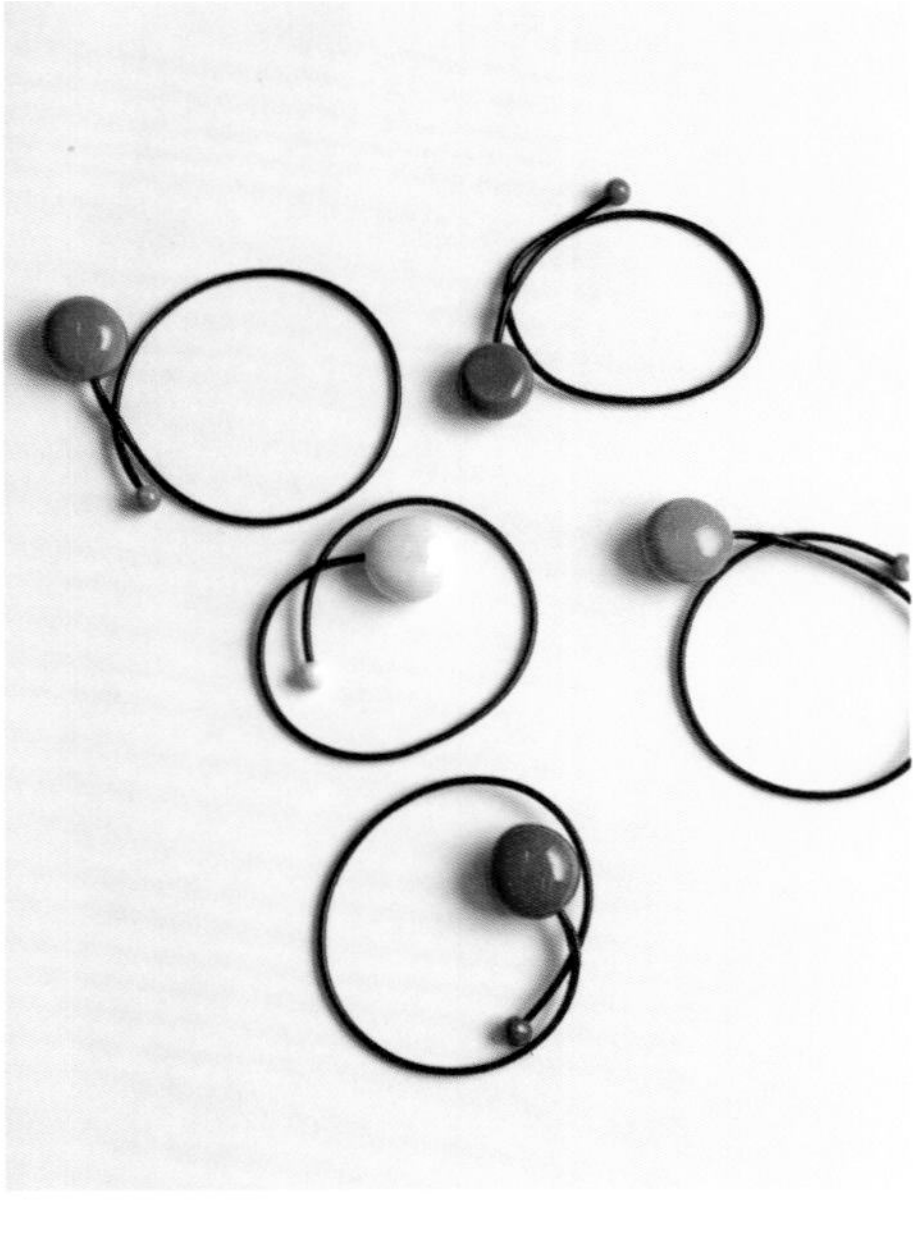

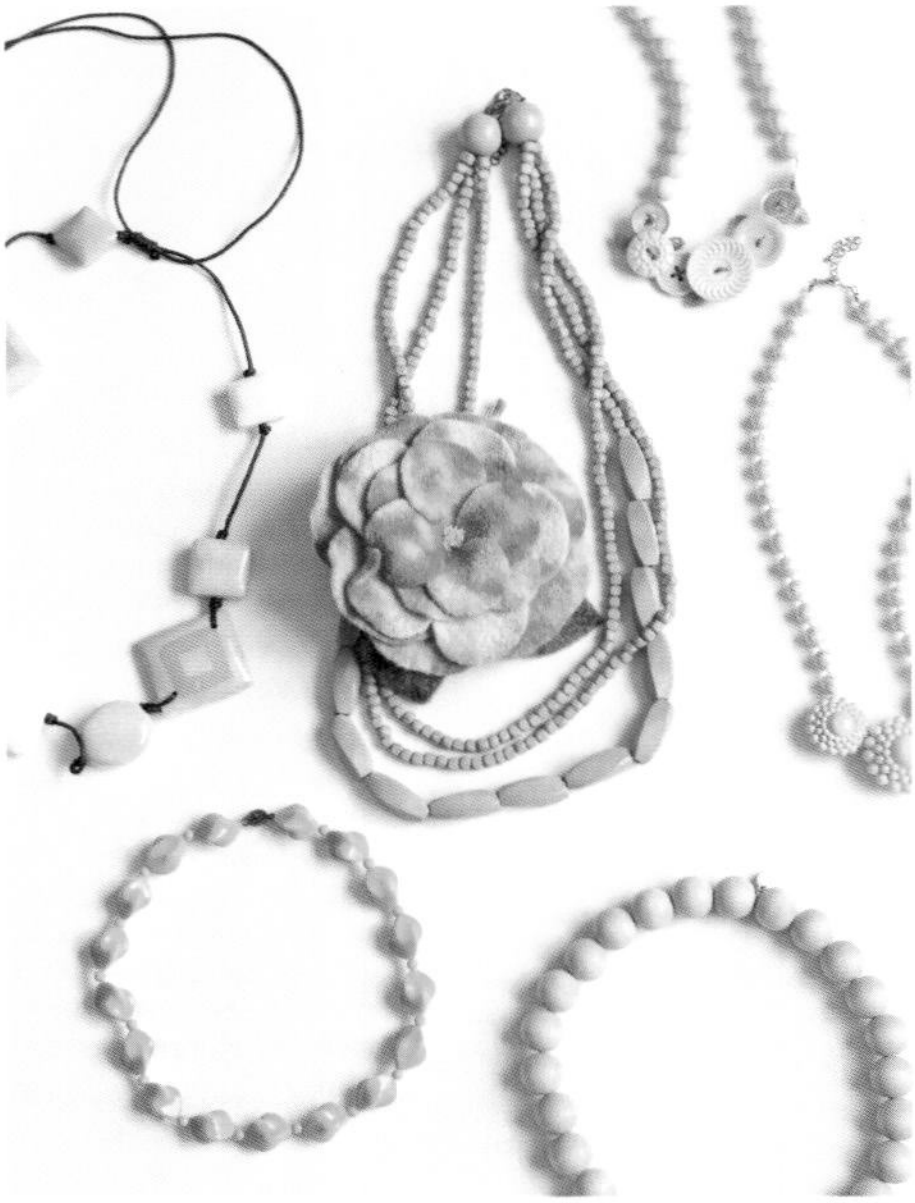

GLASSES
メガネも顔の一部です

母のメガネコレクションは白髪になるにつれてカラフルなものが増えていった。赤やピンク、丸型から流線型のものまで、そのときどきの流行に合わせて買い集めたものが30本ほど。ワンピースが先か、メガネが先か。はたまた何色の洋服を着たいかによって、その日のメガネが決まる。

いろいろな色や柄があるけれど、シニア世代には派手な単色のフレームがおすすめだ。派手な色のほうが「可愛いおばあちゃん」に見られて笑顔を誘うし、どんなにおしゃれな模様でも遠くからでは分かりにくい。パリッとはっきり見える単色のほうが断然おしゃれ感を装える。

カラフルなメガネを身につけるのがはじめて、という方にはぜひオレンジ色をおすすめしたい。どんな洋服にも合わせやすいし、顔色に近い色だから、色白できれいに見える。

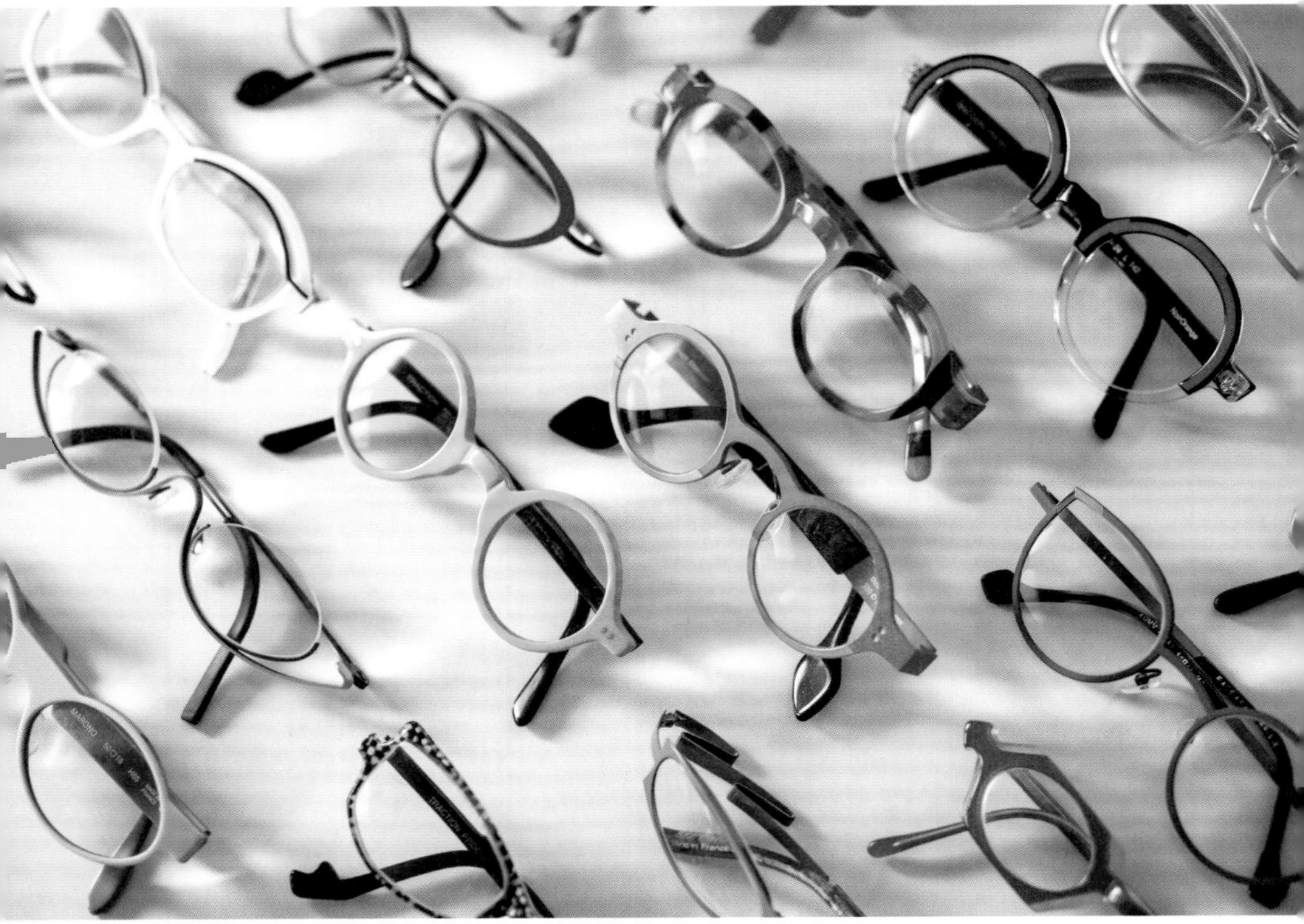

カラフルで楽しい、母のメガネコレクションの一部。遠近両用のレンズ入り。
ちなみに母が今欲しいのは「白色」と「ターコイズブルー」のメガネだとか。

RING
手は顔ほどにモノを言う

手には年齢が出るという。確かに年を重ねると手の甲にシミができたり、関節にシワが増えたり。色もくすみがちになる。

そんなときにおすすめなのは、カラフルで可愛い指輪をすること。貴金属でもいいけれどシニア世代がキラキラした金属をつけていると、少し威張った感じに見えるのは私だけ？

それより、おもちゃみたいなカラフルな指輪をつけていたほうがこの人は自分の「好き」をもっている人なんだなって思われる。指輪の印象が強く記憶に残るから、手のシミやシワには視線がいかず、気づかれにくい。

母の指輪はプラスチックやアクリル、ゴムなどがほとんど。なかには私がヨーロッパで暮らしていたときに購入した数百円の、おもちゃみたいなものもあるけれど、どれも可愛くて、軽くて、つけていて疲れにくい。母にはぴったりなのである。

母の手を彩るカラフルな指輪たち。プラスチック製の指輪から、ビョーンと伸びるゴム素材の指輪まで、およそ 50 個。

BAG

同じカバンを、色違いでそろえる

これまで多様なカバンを使ってきたけれど、ここ最近思うのは、気に入ったデザインのカバンを色違いでそろえると便利だということ。

形違いであれこれそろえるよりも、同じ型で慣れ親しんだもののほうが使い勝手がいい。どこに何を入れたのか分からなくなる、ということがほとんどないからだ。

母が色違いでもっているのは、ナイロン製のトートバッグ。肩にかけられて、多少の雨でも問題ない丈夫さを兼ね備え、さらにA４サイズが入る大きさである。そんなに大きくなくてもいいのでは、と思うかもしれないけれど、年をとるとカーディガンや薬、携帯カイロ、マスクの予備などと荷物が意外と多くなるから、この大きさがベストである。最初に赤色を見つけ、母に「どう?」と聞いたら「すごくいい!」とのことで、次に

同じ型のトートバッグを色違いで用意。今日はどのカバンにしようとあれこれ悩むより、その日の洋服に合う色を選ぶだけという手軽さがいい。

BAG

ショルダーバッグも色違いでそろえると便利。カバンの色はお好みでそろえればいいけれど、ひも部分だけは黒で統一すると後々使いやすい。

空色を購入。黒色は当初このシリーズにはなかったのを、作り手に交渉して作っていただいた。それほど母のお気に入りである。

もう一つ、色違いで用意しておくと便利なのがショルダーバッグだ。こちらは2つのポケットにそれぞれチャックがついている2口タイプ。長財布がきれいに収まるサイズ感で、一方にはお財布を、もう一方にはハンカチやスマートフォンなどを分けて収納できるから、中でごちゃごちゃしないのがいい。エナメルの赤と黒、ターコイズブルー、それにくすんだピンク色と4色をそろえている。

ちなみにネックレスのひも同様、本体はカラフルでいいものの、ひも部分だけは黒色を選ぶと使い勝手がいい。シニア世代のはける靴は黒が多いでしょう。黒い靴なのにカバンのひもが茶色や白色だったりするとちぐはぐなイメージになってしまう。

リモートに映える洋服選び

昨今、家族や友人、仕事仲間などにリモートで会う機会が増えている。画面を通して相手に好感をもたれ、自分を若々しく見せるコツとは？

まずおすすめなのがレフ板（13ページ参照）の役割を果たしてくれる白い服。少しフェミニンな形のほうが優しい印象を与えられ、さらに袖《そで》がフワッとしているとおしゃれに映る。袖口はいきなりテレワークから家事モードになっても腕まくりがしやすいゴムがいい。また画面越しでは鮮やかな色より、優しいパステルカラーやアースカラーもおすすめだ。

ボトムスは長時間座っていても崩れにくい機能的

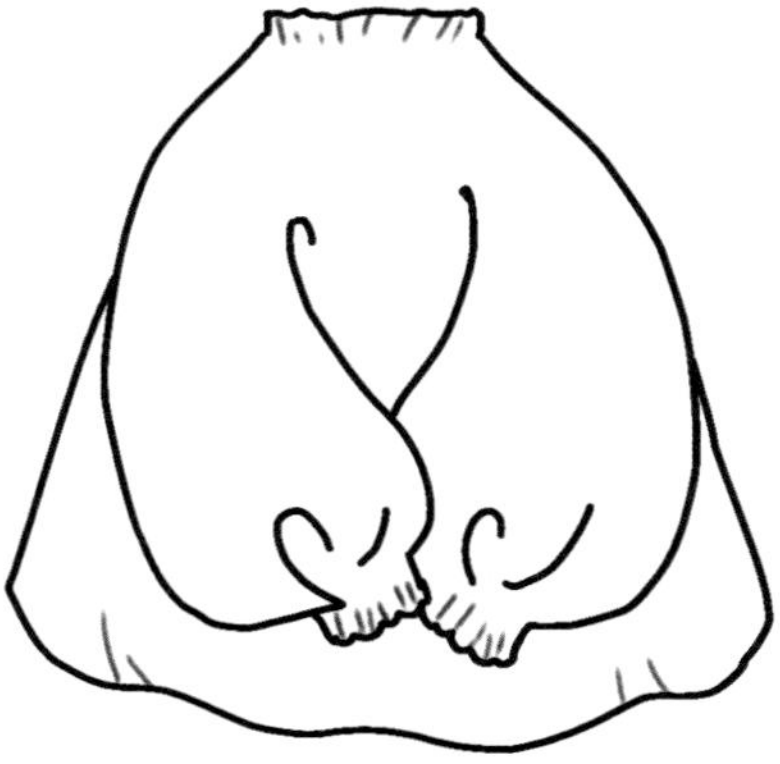

白＆立ち襟で顔まわりすっきり。
袖口がゴムでシャーリングされていると可愛いし、腕まくりが簡単で便利。

なデザインを選びたい。私の場合は、変形デニムスカート。シワになりにくく、腰まわりがゆったりとしていてとても楽である。とはいえ、画面には映らないので、派手な柄物のスカートなど、普段はかないようなものに挑戦して楽しんでも。

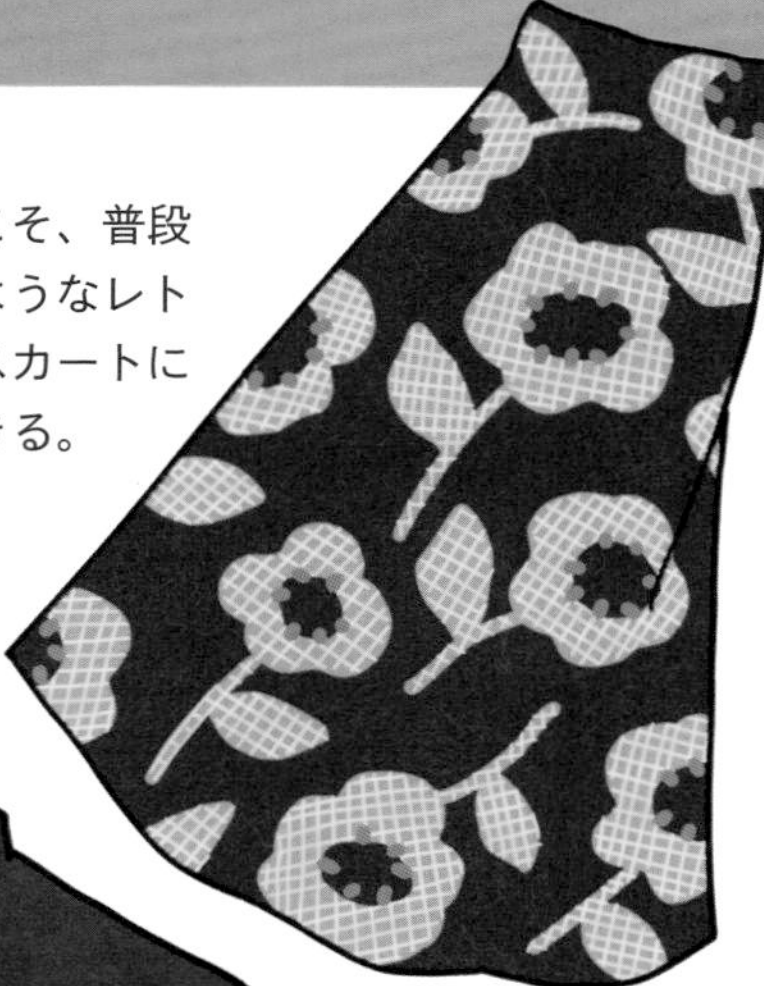

家だからこそ、普段はかないようなレトロな花柄スカートにも挑戦できる。

腰まわりがゆったりとした変形スカートは長時間座っていても楽である。

水色の変形ブラウス。リモートには、カチッとし過ぎないのがちょうどいい。

くぼしま りお
1966年、東京に生まれる。文化学院美術科卒業。子供の本の創作や翻訳に意欲的に取り組み、またイラストレーターとしても活躍している。著作に「ブンダバー」シリーズ、「ブンダバーとなかまたち」シリーズ。訳書に『チビねずくんのながーいよる』『チビねずくんのあつーいいちにち』『チビねずくんのクリスマス』『サリー、山へいく』『サリー、海へいく』（以上、ポプラ社）などがある。

50代《だい》になった娘《むすめ》が選《えら》ぶ母《はは》のお洋服《ようふく》　魔法《まほう》のクローゼット

2021年８月２日　初版発行
2021年12月25日　７版発行

著者／くぼしま りお

発行者／堀内大示

発行／株式会社KADOKAWA
〒102-8177　東京都千代田区富士見2-13-3
電話　0570-002-301（ナビダイヤル）

印刷・製本／図書印刷株式会社

装丁・装画、本文イラスト・デザイン／くぼしまりお
モデル／角野栄子
文、構成／葛山あかね
編集協力、組版デザイン／酒井ゆう、平林亜紀（micro fish）
撮影／馬場わかな
写真提供（P111、P119）／有限会社角野栄子オフィス

●お問い合わせ
https://www.kadokawa.co.jp/（「お問い合わせ」へお進みください）
※内容によっては、お答えできない場合があります。
※サポートは日本国内のみとさせていただきます。
※Japanese text only

定価はカバーに表示してあります。

ISBN 978-4-04-109586-7　C0095